Blaudruck –
Ein immaterielles Kulturerbe der Menschheit

Zur Geschichte, Chemie und Technik
des Blaudrucks und Blaufärbens

GEORG SCHWEDT

2019

Herstellung und Verlag:
BoD – Books on Demand, Norderstedt
ISBN: 978-3-7448-3645-6

Inhalt

Einführung

Beim Blaudruck handelt es sich um ein Färbeverfahren für Naturmaterialien wie Leinen, Baumwolle oder Seide. Auf diese Gewebe wird zunächst eine *Druckreservage*, auch der *Papp* genannt, mithilfe von oft jahrhundertealten Modeln aufgetragen. Im Färberbad nehmen die Stellen mit dem Aufdruck dieser häufig geheimgehaltenen Masse die Farbe nicht auf. Und so entsteht ein weißes Muster auf einem indigo-gefärbten, blauen Stoff.

Im 19. Jahrhundert wurde der Blaudruck, eigentlich eine spezielle Art des Blaufärbens, auch als *Blau mit weißen Blumen* und im Elsaß als *Bleu à la Résérve* bezeichnet, womit diese Technik viel besser beschrieben ist.

Das Handwerk sowie Kunst und Technik des Blaudruckens verbreitete sich mit der Einfuhr von Indigo durch die Niederländische Ostindien-Kompanie in der zweiten Hälfte des 17. Jahrhundert und vor allem im 18. Jahrhundert in Mitteleuropa.

Am 20. März 2017 unterzeichnete die damalige deutsche Staatsministerin Maria Böhmer und die Kultusminister von Österreich sowie der Tschechischen Republik Thomas Drosda bzw. Daniel Herman, der Staatssekretär Ivan Secik der Slowakei und die stellvertretende Staatssekretärin aus Ungarn Anikò Herter Krucsainé ein gemeinsames Dosier zur Nominierung des *Blaudruck-Handwerks* für die internationale Repräsentative Liste des Immateriellen Kulturerbes der Menschheit.

Am 28. November 2018 wurde der Blaudruck in die Repräsentative Liste des Immateriellen Kulturerbes der UNESCO für die Länder Österreich, Deutschland, Tschechien, Slowakei und Ungarn aufgenommen. Diese jahrhundertealte Technik wird in Deutschland nur noch von etwa einem Dutzend und in weiteren europäischen Ländern von fünfzehn Betrieben ausgeübt.

Nach der Entscheidung des UNESCO-Ausschusses in Port Louis (Mauritius – der Herkunft der berühmten Briefmarke „Blaue Mauritius"!) äußerten sich der Präsident der Kultusministerkonferenz und Thüringer Minister für Bildung, Jugend und Sport Helmut Holter und die Staatsministerin für internationale Kulturpolitik im Auswärtigen Amt Michelle Münterfering wie folgt:

H. Holter:
Der Blaudruck ist wahrlich ein verbindendes Handwerk – international und national. So haben sich nicht nur fünf Staaten für diese Nominierung zusammengeschlossen, in Deutschland sind Blaudrucker aus sechs Ländern daran beteiligt. Die zahlreichen Motive ihrer handwerklich-künstlerischen Werke spiegeln die lokale und regionale Vielfalt in Deutschland auf beeindruckende Weise wider. Sie zeigen auch, was den Menschen vor Ort wichtig ist, was ihnen Halt in dieser schnelllebigen Zeit gibt und womit sie sich identifizieren.

M. Müntefering:
Im Handwerk zeigt sich seit jeher: der internationale Austausch trägt zur Weiterentwicklung von Wissen und Können bei. Die Blaudrucker beherzigen das auch in ihrer täglichen Praxis. Ich freue mich sehr, dass mit der heutigen Eintragung des Blaudrucks in die UNESCO-Liste des Immateriellen Kulturerbes die grenzüber-

schreitende Zusammenarbeit der Kulturträger gestärkt wird. Einmal mehr wird deutlich, wie eng wir in Europa kulturell miteinander verbunden sind.

Und Prof. Dr. Maria Böhmer, Präsidentin der Deutschen UNESCO-Kommission, erklärte:
Der Blaudruck spielt in der Herstellung von Trachten noch heute eine wichtige Rolle. Aber auch junge Designerinnen und Designer haben die Technik für sich entdeckt. Mit der Eintragung des Blaudrucks in die UNESCO-Liste des Immateriellen Kulturerbes der Menschheit verbinde ich die Hoffnung, dass diese traditionelle Technik erhalten bleibt und in der Verbindung mit neuen Techniken kreativ genutzt wird.

Zur Redewendung *Blau machen*

Zu der Redewendung *blau machen* gibt es mehrere Erklärungen, die alle im Zusammenhang mit dem *blau färben* stehen.

Als der Tag vor dem Sonntag, der Sonnabend, noch ein regulärer Arbeitstag war, wurden von den Färbern die mit Indigoküpe gefärbten Stoffe auf Leinen gehängt und über den Sonntag und Montag, in der Regel über 48 Stunden, der Luft (mit oder ohne Sonne) ausgesetzt, um aus dem Indigoweiß, dem Küpenfarbstoff, wieder Indigoblau durch Oxidation mit Luftsauerstoff zu erzeugen. Und so konnten am Montag, da die. Leinen besetzt waren, auch keine anderen Stoffe, z.B. gelb oder rot, gefärbt werden. Die Färber machten blau, sie hatten einen freien Tag.

Eine weitere Erklärung verbindet das *Blaumachen* auch mit einem übermäßigen Alkoholgenuss. Zur Reduktion des Indigos wurde im Mittelalter auch Urin in Verbindung mit einer Lauge verwendet. Dabei hatte man herausgefunden, das Urin von alkoholberauschten Männern besonders effektiv wirkte. Und so sollen die Gesellen am Sonntag eine besondere Ration an Alkohol, meist Bier, erhalten haben, um deren Urin (mit auch hohem Anteil an Ammoniak) am Montag, an dem sie nicht arbeitsfähig waren, zum Färben mit Indigo zu nutzen. Unter der Woche wurde nicht blau gefärbt, um die Leinen zum Aufhängen mit anderen Farben gefärbter Tuche nutzen zu können.

Beide Erklärungen gelten jedoch als fragwürdig. Meist wird eine religiös-kulturelle Erklärung, vor allem für den *blauen Montag* genannt. Ursprünglich galt die Montag in der Fastenzeit vor Aschmittwoch nach der liturgischen blauen Farbe der

Altarbehängung als blauer Montag und später dann auch als arbeitsfreier Tag für Handwerker. Nach der Kleiderordnung des
Mittelalters wurden die so genannten geringen Farben Grau und
Braun Handwerkern und Bauern an Werktagen zugeordnet. An
Sonn- und Feuertagen dagegen durften sie anstellen der Kleidung
des *grauen Alltags* auch blaue Feiertagskleidung tragen. Von 1731
bis zum Ende des 19. Jahrhunderts war in den Zünften ein *blauer
Montag* auch als ein Totengedenktag üblich; er wurde erst mit der
Reichshandwerkerordnung abgeschafft. Noch heute gelten jedoch
für das Friseurhandwerk und auch die meisten Museen die Montage als freie Tage.

Im „Volks-Brockhaus", dem "Bilder-Conversations-Lexikon für das
deutsche Volk. Ein Handbuch zur Verbreitung gemeinnütziger
Kenntnisse und zur Unterhaltung" aus dem Brockhaus-Verlag in
Leipzig von 1837 ist nachzulesen:

*__Blauer Montag__ heißt bei den Handwerkern jeder Montag, an welchem die Gesellen nicht arbeiten. Der Name soll daher rühren, daß
in früherer Zeit am Montage vor Fastnacht die Kirchen mit blauem
Tuche ausgeschlagen gewesen wären und an diesem Montage nicht
gearbeitet, sondern zu guterletzt vor dem Fasten tüchtig gezecht
und geschmaust worden sei, weshalb er auch der Freßmontag hießt.
Das Feiern an anderen Montagen wurde als Schadloshaltung üblich,
wenn die Gesellen noch am Sonntag Vormittag hatten arbeiten
müssen, und alle diese Montage wurden nun blaue genannt; doch
wollen auch manche diese Bezeichnung vom blauen Himmel ableiten, weil dieser zur Einstellung der Arbeit und zum Spazierengehen
verleite. In neuerer Zeit ist die Feier des sogeannnten blauen Mon-*

tags in vielen Ländern bei harten Strafen verboten worden, weil's sie zu vielerlei Unfug Veranlassung gab.

Und schließlich weist auch die Redewendung *grün und blau schlagen* einen Bezug zum Blaufärben auf: Das zunächst gelblich gefärbte Tuch wird durch Schlagen mit einem Holz zunächst die Mischfarbe grün (aus gelb und blau) und dann das Blau des Indigos annehmen. Auf diese Weise wird die Oxidation des Küpenfarbstoffs zum Indigo beschleunigt.

In einer kleinen Schrift (2018 *„… im Rahmen einer grenzüberschretenden Ausstellung in Leiden/NL und Jever/D zum gemeinsamen kulturellen Erbe des Blaudruckerhandwerks.“*) nimmt auch der Blaudrucker Georg Stark aus Jever (s. Kap. „Zu Besuch in Blaudruckereien“) Stellung zum Thema „Blaumachen“ (hier in der Originalschreibeweise zitiert):
„Warum ‚Blaumachen‘ nicht aus dem Färberhandwerk stammen kann:
Immer wieder wird gern erzählt:
- Sonntag abends/Montag morgens wurde der Stoff für einen Tag in die Farbe gehängt, daher hatten die Färber nichts zu tun
- Der gefärbte Stoff oxydierte den ganzen Montag deshalb hatten die Färber nichts zu tun.
- Der sonntags gefärbte Stoff wurde montags zum Trocknen aufgehängt so hatten die Färber nichts zu tun
- Sonntags tranken sie viel Bier um montags in die Färbeküpen zu pinkeln usw.
- Montags waren die Färber noch betrunken so daß sie nicht arbeiten konnten usf.

Realität: Die Reoxadation einer Küpenfärbung mit Indigo dauert 5 bis max. 15 Minuten. Da Indigo in Schichten aufgefärbt werden muß, dauern die einzelnen Färbezüge zwischen 30 und 60 Minuten mit anschliessender Oxydation. Der Stoff mußte zwischendurch umgehängt werden um eine gleichmässige Farbverteilung zu erreichen; eine mühsame und gefährliche Arbeit, das das Alkali der Färberflotte (ph 13+) stark ätzend war und die Stoffbahnen glitschig und schwer machte. Daher war das ‚Grün und Blau schlagen‘, d.h. das Öffnen der nassen Stoffe zur Oxyadtion eine schwere und gefährliche Arbeit für den Färber.

‚Lichteinwirkung‘ (Sonnenschein) ist in der Indigofärberei ohne Bedeutung.

Aus Urin bzw. Ammoniak gewonnenes schwaches Alkali konnte nur für Wolle, nicht jedoch für professionelle Färberei von Zellulosefasern genutzt werden. Der Einsatz von Urin/Ammoniak geschah im 17. Jahrhundert im Zusammenhang mit sauerstoffzehrenden Bakterien, dabei dauerte die Reduktion des Indigos i.a. 3 Tage, bevor mit dem Färben (von Wolle) begonnen werden konnte.

Am Sonntag herrschte im christlichen Abendland generelles Arbeitsverbot.“

(Soweit die Ausführungen des erfahrenen Blaudruckers Georg Stark in Jever im Kattrepel 3, die zugleich einige wesentliche Grundlagen zum Blaufärben mit Indigo vermitteln.)

Aus der frühen Geschichte der Gewinnung von Indigo

Der Blaudruck bzw. das Blaufärben ist mit dem blauen Farbstoff aus der Indigopflanze verbunden – eine spätere Variante mit einem mineralischen Pigment, dem Berliner Blau wird am Ende dieses Kapitels vorgestellt.

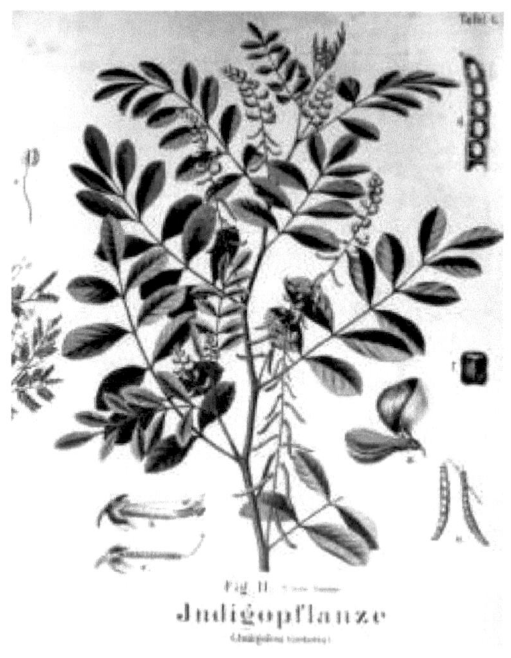

Indigopflanze

Im *Neuesten Waren-Lexikon* (1870 – 7. Aufl. 1920) sind ausführliche Informationen zum *Indigo, als wichtigstes Blaufärbmittel,* zu finden.

Es wird als *ein Erzeugnis des Pflanzenreichs, das seit undenklichen Zeiten in Ostindien bekannt und benutzt ist und schon zu Zeiten der alten Römer nach Europa gebracht wurde. Plinius führt denselben unter dem Namen* indicum *auf;*

Der „echte, indische Indigo" (lat.: *indigofera tinctoria*) wurde wahrscheinlich zuerst von Vitruv in seinem Werk „De architectura" erwähnt, aber auch bei Plinius und dem griechischen Arzt Dioskurides genannt. Die beiden letzteren Autoren beschreiben die Herkunft, Reinigung, Verwendung und Verfälschung des Indigos.

Die ausführlichste Geschichte zum Indigo und Blaufärben mit Indigo ist in dem Werk von Johann Beckmann (1739-1811) *„Beyträge zur Geschichte der Erfindungen"* (Band 4, Leipzig 1799) enthalten. Auch er nennt Dioscurides und Plinius und stellt fest, dass zu deren Lebzeiten im ersten Jahrhundert nach Christus

Indig (Indigo) nach Europa gebracht und zum Färben und Malen verwendet worden sei.

Johann Beckmann wurde in Hoya an der Weser geboren, studierte Theologie und Naturwissenschaften an der Universität Göttingen von 1759 bis 1762. Nach einer Tätigkeit als Lehrer für Naturwissenschaften am St. Peter-Gymnasium in St. Petersburg bis 1765 und einem einjährigen Aufenthalt in Schweden u.a. bei Linné wurde er 1766 als Professor an die Universität Göttingen, ab 1770 als o. Professor für Ökonomie, berufen. Er gilt als Mitbegründer der Warenkunde und der wissenschaftlichen Technologie.

Beckmann stellt fest, dass Indigo ein blauer Farbstoff sei, welcher *„durch Gährung aus Pflanzen ausgeschieden, und zu einer zerreiblichen Substanz eingetrocknet ist“*. Und damit wäre der Begriff zu eng gefasst, wenn *„Kaufleute und Färber für ächetn Indig* (nur) *gelten lassen,* welcher aus den Pflanze *Indigofera tinctoria* stamme. Indigo würde aus so verschiedenen Pflanzen gewonnen, die nicht einmal Arten einer Gattung seien. Und daran anschließend verweist Beckmann auf seine Warenkunde, aus der dazu noch später zitiert wird.

Beckmann beschreibt sehr anschaulich die Eigenschaften auch mit Bezügen auf die genannten Autoren Plinius und Dioscurides des echten aus Indien stammenden Indigos, nachdem er zuvor auch die Handelswege genannt hat:
Ward es zerrieben, so gab es ein schwarzes Pulver, und ward es verdünnet, so gab es einen angenehme Mischung von Blau und Purpur. Es gehörte zu den kostbarsten Farben, und ward deswegen durch Beymischung einer Erde, nicht selten verfälscht. Eben deswegen

ward dasjenige, welches weich, nicht rauh war, und einem (einge-
kochtem) Safte glich, vorzüglich geschätzt. Plinius meinte, man
könne das ächte vom verfälschten bey der Verkohlung unterschei-
den, indem jenes eine Flamme von vorzüglicher Purpurfarbe, und
einen Rauch vom Geruche nach Meerwasser gebe. Er und
Dioscurides reden von zwey Arten: die eine setze sich, wie ein Meer-
schaum oder Schlamm, an Schilf oder Rohr an; die andere aber
werde, sagt Dioscurides, als ein purpurfarbiger Schaum in den
Färbereyen von den Färbekesseln abgenommen; dagegen Plinius
ausdrücklich bemerkt, es werde auf diese Weise in den
Purpurfärbereyen gesamlet. Jener meldet noch, daß das Indicum zu
den adstringirenden Arzneymitteln gehöre, auch bey Entzündungen
und Geschwülsten diene, und Wunden reinige und heile. Dieß ist
alles, was man, so viel ich jetzt weis, von Indicum bey den Alten fin-
det...

Beckmann setzt sich dann ausführlich mit diesen Beschreibungen
auseinander und stellt dann fest:
Theuer ist unser Indig immer gewesen, nur nach dem er in Westin-
dien, so lange nämlich dort gutes Land nicht selten war, und der
Sklavenhandel den Arbeitslohn verringerte, gewonnen ward, fiel der
Preis, der jetzt, nachdem das Land entkräftet ist, wieder zur alten
Höhe hinaufsteigt.
Auch zum Einsatz von Sklaven äußerst es sich wie folgt:
Alle Arbeiten auf den Indigäckern sind mühsam und entkräftend.
Dazu kauft der christliche Europäer Menschen in Afrika, welche
solche in dem heissen Clima stehend und gebückt gegen den erhitz-
ten Erdboden, wohlfeiler als Vieh, verrichten müssen; in Europa
giebt es eingebildete Philosophen, welche diese Abscheulichkeit, die
der Geitz ersonnen hat, durch Hypothesen, welche sie selbst erdacht

haben und nur sie glauben, zu billigen sich nicht schämen! Im Parlamente von England vertheidigen nur die Sklavenhändler diesen unchristlichen Handel.

Im „Handbuch für Kaufleute" (J. R. Mac Culloch, dtsch. 1834) wird auf die sehr ausführliche Darstellung von Beckmann, die mit vielen Belegen aus der Literatur versehen ist, Bezug genommen, und Beckmann wird bescheinigt, dass er „diesen Gegenstand (...) mit großer Gelehrsamkeit und seltenem Scharfsinn abgehandelt" habe. In konzentrierter Form zusammengefasst heißt es dort u.a.:
„Der im Handel vorkommende Indigo wird (...) lediglich von der Pflanzengattung *Indigofera* gewonnen, und es gibt deren zwei Arten. Die in Indien wachsende ist die *Indigofera tinctoria*, die in Amerika die *Indigofera anil*. Erstere hat gefiederte Blätter und einen schlanken holzartigen Stengel, welcher, wenn die Pflanzen gedeiht, bis zu 5 oder 6 Fus in die Höhe schießt."

Indigofera anil bzw. suffriticosa (aus: Köhler's Medicinalpflanzen)

Und über die Handelswege wird berichtet, dass Indigo schon über Alexandria und Indien in Europa eingeführt wurde, bevor es einen Seeweg um das Kap der guten Hoffnung gab. Und weiter ist dort auch im Zusammenhang mit dem heimischen Waid zu lesen:

„Als solcher [Indigo] zuerst eingeführt wurde, mischte man dem Waid einen kleinen Theil bei, um dessen Blau zu erhöhen und zu beleben. Die Besitzer der Waidpflanzungen wußten einige der Landesregierungen zu bestimmen, dieses Farbmaterial zu verbieten. In Deutschland wurde 1651 ein kaiserl. Edikt publicirt, welches den Gebrauch des Indigo untersagte; derselbe hatte damals den Namen T e u f e l s a u g e, und wurde gegen heimliches Eindringen desselben große Fürsorge getragen, ‚indem‘, heißt es in jenem Edikte, ‚dadurch der Handel mit Waid beeinträchtigt wird, die Färberei leidet und das Geld aus dem Lande geht!‘ Der Magistrat von Nürnberg ging noch weiter und veranlaßte Färber dieser Stadt, einen jährlich wiederholten Eid abzulegen, keinen Indigo zu verwenden, und diese Verfügung ist lange Zeit beibehalten worden. Im Jahre 1598 wurde auf eine eindringende Vorstellung der Behörden der Provinz Langnedoc und auf Bitten der Grundeigenthümer, welche Waid erbauten, der Gebrauch von Indigo gänzlich untersagt und erst 1737 haben die Färber in Frankreich die Freiheit erworben, mit solchem Material zu färben, wie sie es für gut finden.“

Zu den *mehr mercantilen Verhältnisse* ist aus dem „Neuesten Waaren-Lexikon“ von 1870 noch zu lesen:
Das Heimathland des Indigs, seiner Cultur und Verwendung ist Ostindien; von dem altamericanischen Indigo scheint nichts Näheres bekannt zu sein; jedenfalls knüpft sich die jetzige amerikanische Cultur nicht an jenes Verhältniß, sondern ist erst durch die europäi-

sche Colonisation hervorgerufen und scheint auch hauptsächlich die indischen Arten der Pflanze zum Gegenstand zu haben. In einer Periode des vorigen Jahrhunderts hegte man von der Indigogewinnung in Amerika starke Hoffnungen und der Anbau wurde auf den meisten westindischen Inseln und selbst im Süden der Union, in Carolina, Louisiana, Mississippi, in die Hand genommen. Theils der geringere Werth der erzeugten Waare, theils andere Verhältnisse haben indeß zu dem Aufgeben in den Südstaaten wie auf den Inseln geführt, und selbst die Waare von Domingo, das sich am längsten am Markte gehalten, erscheint jetzt nicht oder kaum mehr...

Über den Transport des Indigos erfahren wir aus diesem sehr detaillierten Text Folgendes:

Der Indigo kommt aus Ostindien in Kisten verschiedener Größe, aus Amerika in Seronen [= Packhüllen] aus Büffelhaut, ebenfalls verschieden schwer. Die gewöhnliche Form, in welche die noch feuchte Waare bei der Gewinnung gebracht wird, ist die von Würfeln verschiedener Größe; bei den Bengalsorten und denen von Java sind die Würfel noch besonders mit dem Stempel der betreffenden Factoreien bedruckt...

In Europa tauchte der Farbstoff Indigo in geringen Mengen im 12. Jahrhundert auf – er kam aus Syrien über Alexandria aus Indien. In venezianische Frachtlisten tauchte er um 1420 auf. Die Niederländer führten ihn dann ab etwa 1620 in größeren Mengen ein und verdrängen damit auch den bis dahin zum Blaufärben gebräuchlichen Färberwaid.

Gertrud Scherf berichtete in ihrem Buch „Pflanzengeheimnisse aus alter Zeit" (München 2004) unter der Überschrift „Der Indigostrauch als Sieger – und als Verlierer" nach dem Abschnitt „Das Mittelalter – die große Zeit des Waids", dass Indigo mit der Entdeckung des Seeweges nach Indien durch Vasco da Gama 1498 zunehmend nach Europa eingeführt wurde. Indigo aus dem Indigostrauch sei leichter und billiger herzustellen gewesen. Zunächst hätten die Portugiesen, später die Holländer und Engländer Indigo nach Europa eingeführt. Kaiser Ferdinand III. war es dann, der 1498 den Indigo als Teufelsfarbe verdammt und verboten hatte. Trotzdem, so G. Scherf, verfielen nach und nach Waidanbau und Waidhandel, Pest und der Dreißigjährige Krieg verstärkten diese Entwicklung. Vorübergehend wurde der Waidanbau infolge der Kontinentalsperre durch Napoleon I. ab 1806 noch einmal gefördert, doch im 19. und 20. Jahrhundert kam fast der gesamte Anbau zum Erliegen, zuletzt um 1910 in Thüringen. Seit den 1980er Jahren wird jedoch in Thüringen wieder Waid angebaut – jedoch weniger zur Gewinnung von Indigo als anderer Inhaltsstoffe mit arzneilichen Wirkungen.

1879 gelang dem Chemiker Adolf von Baeyer (1835-1917) erstmals die vollständige Synthese des Indigos. Bis zu einer wirtschaftlichen, industriellen Herstellung dauerte es jedoch noch einige Zeit. Erst am Ende des 19. bzw. zu Beginn des 20. Jahrhunderts konnten sowohl die BASF als auch die Farbwerke Hoechst einfachere Verfahren einsetzen, so dass die mühsame Gewinnung des natürlichen Indigos aus Pflanzenmaterial durch die industrielle synthetische Herstellung verdrängt wurde. Diese Entwicklung spiegelt sich auch im Text der Warenkunde von 1920:

In von Jahr steigendem Maße wird jetzt von deutschen Fabriken k ü n s t l i c h e r I.(ndigo) in den Handel gebracht, reiner und schöner als der natürliche, und vor allem billiger! Die Folge warein alsbaldiger Preissturz auf dem Weltmarkte. Der natürliche I. vermochte nicht mehr zu konkurrieren, und an die Stelle der seitherigen Einfuhr nach Deutschland trat eine bedeutende Ausfuhr. Währende Deutschland noch bis 1895 alljährlich 2 Mill. Kilogramm I. im Werte von 21 Mill. M. aus Indien bezog, konnte es 1898 bereits für 7 ½ Mill. M. a u s f ü h r e n, und der Wert der Ausfuhr stieg in den folgenden Jahren ... 1906 auf 31,6 Mill. M. und 1910 auf 43 Mill. M. Der Wert der Einfuhr sank in der gleichen Zeit von 8,3 Mill. M. im Jahre 1893 auf (...) 1,2-0,8 Mill. M. und dürfte zurzeit gleich Null geworden sein. (...)

Über die spezielle Bedeutung des Waid-Anbaus zur Indigogewinnung vor allem in Thüringen berichtete der Autor bereits in seinem Buch „Färberwaid. Blaues Gold aus Thüringen" (Verlag Rockstuhl, Bad Langensalza 2017)

Natürlicher Indigo kann u.a. aus folgenden Pflanzen gewonnen werden
- *Indigofera tinctoria*
- (bisher sind etwa 700 Indigofera-Arten bekannt – s. auch Bild *Indigofera suffriticosa*)
- *Isatis tinctoria* (Färberwaid)
- *Polygonum tinctoria und chinese* (Färberknöterich)

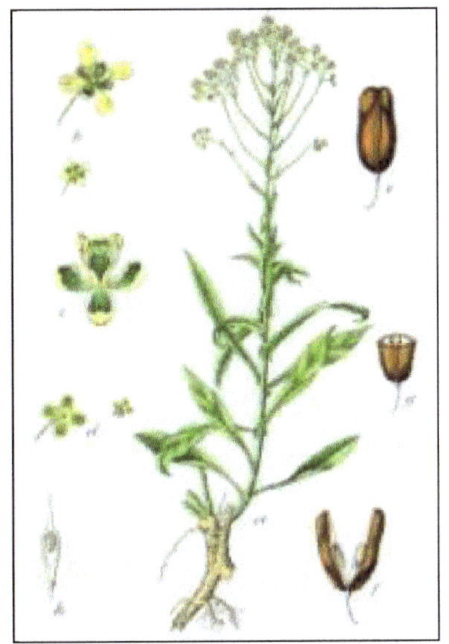

Indigofera suffriticosa   *Isatis tinctoria* (Färberwaid)

(aus: (aus: J. G. Sturm, Flora von
"Köhler's Medizinal-Pflanzen"   Deutschland, 1796)
1897)

Eine ausführliche Darstellung der zur Gewinnung noch im 19. Jahrhundert verwendeten Pflanzen vemittelt das *Waaren-Lexikon* von 1870:

Die meiste Ausbeute geben verschiedene Arten des Geschlechts Indigofera, die eben hiervon ihren Grundnamen „Indigpflanze" füh-ren; sind sind aber nicht im Alleinbesitz dieser Eigenschaft, denn unsere heimische Waidpflanze, obwohl von weit abweichender Na-tur, liefert ebenfalls echten Indig, nur bedeutend weniger; der näm-liche Fall wiederholt sich bei der Pflanze, welche den Chinesen und Japanesen zum Blaufärben dient und eine Art einjähriger Knöterich (Polygonum tinctorium) ist. Ein kleiner Gehalt findet sich noch in

21

manchen andern Pflanzen, so Galega tinctoria, Nerium tinctorium, Wrightia tinctoria, *selbst in dem heimischen Unkraut* Mercurialis anna *(Bingelkraut). Von der* Indigofera *selbst werdden 5-6 verschiedene Arten als Nutzpflanzen angeführt, namentlich* I. tinctoria, *am häufigsten in Ostindien abgebaut und sehr ergiebig an Farbstoff, der aber nicht zur besten Sorte gehört, welche vielmehr von einer andern Art,* I. pseudotinctoria *kommen sollM dann der sichelartige oder A n i l i n d i g (*I. anil*), in Ostindien und Amerika gebaut, eine Farbe von guter Mittelsorte liefernd; der z w e i s a m i g e Indig (*I. disperma*) in den beiden Welttheilen gebaut, liefert besonders den geschätzten Guatemala-Indig; der s i l b e r g l ä n z e n d e oder ägyptische Indig (*I. argentea*) mit weißfilzigen Blättern, giebt weniger Ertrag, aber von sehr guter Beschaffenheit..*

Zur Chemie bei der Gewinnung des Indigos

In den Pflanzen liegt eine Vorstufe des Indigos vor – als *Indican* bezeichnet, in der auch ein Glucose-Rest $C_6H_{11}O_5$ gebunden ist. Infolge einer Gärung wird dieser Rest abgespalten und es entsteht das *Indoxyl*.

Der Vorgang der Gärung (unter Ausschluss von Sauerstoff im Wasser)

Erst durch die Oxidation mit Luftsauerstoff entsteht dann der Farbstoff *Indigo*.

Oxidation von 2 Molekülen Indoxyl zum Indigo unter Anspaltung von Wasser

Eine ausführliche Beschreibung der Arbeitsschritte zur Gewinnung von Indigo, welche diese beiden grundlegenden chemischen Reaktionen beinhalten, finden wir u.a. in *Beckmanns Waarenkunde*:

Die Zubereitung geschieht in allen Ländern nicht in einerley Weise, aber so sehr auch Vorrichtungen, Arbeiten und Werkzeuge verschieden seyn mögen, so bleibt doch die Hauptsache einerley. Die Pflanzen, welche Indig geben können, werden vor der Blüthe abgeschnitten, vom Schmutze gereinigt, und in einem Gefäße mit Wasser dergestalt gelegt, daß sie beständig unter Wasser bleiben müssen. So läßt man sie in dem Weichbottig so lange liegen, bis Schaum, Geräusch und Erhitzung eine weinhafte Gährung ankündigen, und das darüber gegossene Wasser sich hinlänglich gefärbt hat. Um alsdann den Vorgang zur Fäulung aufzuhalten, wird die Brühe in ein anderes Gefäß abgelassen, und um nun die darin verbreiteten Färbertheilchen auszuscheiden, werden sie durch starke und lange fortgesetzte Bewegung, durch Rühren und Schlagen, fast wie die Buttertheile aus den Molken, an einander gebracht.

Darstellung einer *Indigoterie* von 1667 (aus: Histoire générale des Achilles von Jean-Baptiste du Tertre)

Ist dieses bewirkt worden, so läßt man, nach einiger Ruhe, das klar gewordene Wasser durch Hähne ablaufen, und bringt den zurück gebliebenen Schlamm oder Bodensatz in aufgehenkte leinene Beutel, worin er ein Teig wird, den man in hölzernen Kästen oder Formen erst im Schatten, hernach an der Sonne, austrocknen läßt; fast so wie die Stärke auf dem nassen Wege aus dem Mehl geschieden und zu einem Satzmehl getrocknet wird.

Zu einer *Indigomanufaktur* gehörten mehrere große und gut ausgemauerte Gruben, um die Indigopflanzen darin einzuweichen, ferner ein Siede- und ein Trockenhaus sowie das Wohnhaus des Pflanzers.

Eine Darstellung vom Anbau bis zur Gewinnung des Farbstoffes vermittelt das *Waaren-Lexikon* von 1870:
Der Anbau geschieht immer durch Aussaat, indem man im Frühjahr in gut vorbereitetes Land etwa 1 Dutzend der wie Schießpulver kleinen Samen in jedes Pflanzloch wirft. In den heißen Klimaten, in welcher überhaupt nur von Indigobau die Rede sein kann, werden die aufgehenden Pflanzen in 2-3 Monaten schnittreif, werden aber bis dahin sorgfältig von Unkraut rein gehalten, weil dieses, mit verarbeitet, sowohl der Menge als Güte des Farbstoffes bedeutend schädigt. Das Schneiden geschieht kurz vor der Blüthe und werden die Ruthen etwa 1 Zoll hoch über dem Boden fortgenommen, je nach den Witterungsumständen erhält man im Laufe des Sommers durch neue Schößlinge eine zweite und auch wohl eine dritte, doch weniger ausgiebige Ernte. Auf dem besten Indigoboden, im Gangesdelta, kann der Ueberschwemmung wegen nur e i n Schnitt gewonnen werden. Zwei bis drei Jahre läßt sich eine Pflanzung in dieser Weise benutzen, doch weiterhin wird die Triebkraft der Wurzeln zu

schwach, daher sie ausgerissen und neue Einsaaten gemacht werden.

Die Verarbeitung der geschnittenen Pflanzen geschieht meistens sofort. Man hat dazu zwei in ungleicher Höhe bei einander stehende große Bottiche oder gemauerte Cisternen, in deren obere die Pflanzen eingeschichtet, mit Steinen beschwert und mit Wasser übergossen werden, sodaß sie völlig bedeckt sind. Die hohe Luftwärme bewirkt bald das Eintreten der Gährung, die sich immer lebhafter gestaltet; es werden große Mengen von Kohlensäure und andern Gasen frei und die Flüssigkeit bedeckt sich mit Schaum, der nacheinander mehre Färbungen annimmt. Wenn er braunroth geworden und einen kupfernen Metallschimmer angenommem hat, wird der Gährungsprozeß abgebrochen und die Flüssigkeit in den tieferstehenden und flachern Behälter übergezapft, der erste Behälter von den Pflanzenresten geleert und neu gefüllt. Die klar abgezogene Flüssigkeit, welche goldgelb aussieht, wird nun mit Schaufeln oder andern Rührinstrumenten fortwährend stark bewegt, in derselben Art und zu demselben Zwecke wie man eine heiße Suppe mit dem Löffel bearbeitet, nämlich um möglichst vielfache Berührungen zwischen der Flüssigkeit und der Luft hervorzubringen. Die Luft nämlich oder vielmehr der Antheil an Sauerstoff ist es, was aus denjenigen Bestandtheilen des Extracts, welche darnach beschaffen sindm daß sie zu Indigo werden können, denselben herstellt durch Verbindung mit ihnen. In dem Maße wie diese Verbindung erfolgt, tritt der I., der in Wasser unlöslich ist, in der Flüssigkeit als anfänglich grüner Niederschlag und später als blaues Pulver auf, das sich schließlich, wenn das Durcharbeiten aufhört, als feiner Schlamm zu Boden setzt, von welchem die überstehende nicht weiter nutzbare Flüssigkeit abgezapft wird, während man den I. selbst vielleicht noch mit kaltem oder kochendem Wasser wäscht, um ihn zu reinigen und zu schönen, dann ihn abtropfen läßt und durch Pressen in Zeugbeuteln noch weiter entwässert. Die feuchte Masse wird meistens durch Zerschneiden mit Drähten in Würfelform gebracht und dann im Schatten getrocknet. Bei einer tropischen Temperatur von 30° verläuft der Gährungsprozeß in 12-15 Stunden, die Oxydirung und Abscheidung in ein paar Stunden. Die ganze Behandlung soll große Aufmerksamkeit erfordern, indem sowohl Uebergährung als übermäßige Lüftung leicht eintreten können, wo dann ein weit geringeres Product erhalten wird...

Indigo im Roman *Anilin* von Aloys Schenzinger

Karl Aloys Schenzinger (1886-1962) hatte den Beruf des Apothekers erlernt, Medizin studiert, zum Dr. med. promoviert und war ein erfolgreicher Sachbuchautor.

Der Roman der deutschen Farbenindustrie – so auch der Untertitel der ersten Ausgabe 1937 – und zugleich einer Geschichte der organischen Chemie in Deutschland beginnt auf einer Indigoplantage am Anfang des 19. Jahrhunderts. Schenzinger beschreibt die dort herrschenden Verhältnisse der Ausbeutung von Hindus durch die englischen Plantagenbesitzer. Der Roman wurde nach dem Zweiten Weltkrieg nochmals aufgelegt, nachdem er von „nationalsozialistischem Gedankengut" bzw. „völkischer Propaganda" bereinigt worden war. Im Dritten Reich erreichte er eine

Auflage von etwa 3 Millionen Exemplaren und ab 1951 nochmals 1,6 Millionen.

Zwei Abschnitte aus dem ersten Kapitel mögen den Stil des Romans und die Bedingungen des Indigoanbaus in Indien näher charakterisieren:

„…An der Stelle, wo der Hugli River den Ganges verläßt, lag die Faktorei der ‚Bengal Indigo Corporation‘. Die Faktorei bestand aus einem halben Dutzend einstöckiger Bambushäuser, die wahllos um das massive Hauptgebäude herumstanden. In einiger Entfernung lagen die Hütten der Hindus. Über allen Gebäuden spannten sich die gewaltigen Kronen der Pisang- und Teakbäume, die die rodende Axt um das Schattens willen verschont hatte. Vor der Faktorei dehnten sich weithin die Indigofelder. Dicht hinter der Faktorei begann der Dschungel.“

Über den Gärungsvorgang in den „Gärungsküpen, in die Erde gemauerte Gruben“, in welche die Indigostauden geworfen wurden, schrieb Schenzinger:

„Nach wenigen Stunden begann die Stauden im Wasser zu gären. Man erkannte die einsetzende Gärung daran, daß an den Blättern und Stengel der Stauden sich feine Bläschen ansetzten, die sich allmählich lösten und in immer dichterer Folge an die Oberfläche stiegen. Mit der Zeit wurde die ganze Lauge lebendig. Es begann in der Flüssigkeit zu zischen, zu sprudeln, zu schäumen. Die Gärung dauerte zwölf bis fünfzehn Stunden. Der Betrieb ging Tag und Nacht.

(…)

Endlich zeigt sich auch der erwartete blaue Schaum an der Oberfläche. Noch einmal wurden Geruch und Geschmack der gärenden Masse geprüft. Es kam dabei fast auf die Minute an… die Hindus

zogen den Zapfen. Mit gurgelndem Ton schoß die gelbe Lauge in die tiefer gelegenen Schlagküpen, die in einer benachbarten Baracke aufgestellt waren. Dort warteten schon die Frauen und Mädchen der Hindus, lange Bambusstöcke in der Hand.
Sowie die Lauge in den Küpen erschien, begannen sie die schillernde Lösung mit ihren Stöcken zu schlagen. Sie peitschten die Lauge auf ihre eigene Art. Sie wußten, daß es darauf ankam, möglichst viel Luft unter die Flüssigkeit zu schlagen... Sie peitschten die Lauge, bis sich der Farbstoff als blauflockige Masse abschied, die sich dann schnell und völlig am Boden der Küpe absetzt.
(...)
Der Schlammrückstand wurde in die große Baracke gebracht, mehrere Stunden mit Wasser gekocht und zuletzt wieder abfiltriert. Der zurückbleibende Indigobrei wurde ausgepreßt, in Stücke geschnitten und endlich zum Trocknen in das Trockenhaus gebracht."

Aus der Geschichte des synthetischen Indigos

Der sechste Teil des Romans Anilin von Schenzinger trägt die Überschrift „Künstlicher Indigo". In diesem Kapitel wird über die Entwicklung der Badischen Anilin- und Sodafabrik BASF berichtet – und auch über die Synthese des Indigos vom Anilin ausgehend.
„Zwanzig Jahre war in den chemischen Instituten zu Berlin und München an der Synthese des Indigos gearbeitet worden. Man war ausgegangen vom Isatin, das sich aus Indigo abscheiden ließ. Dieses Isatin hatte man mittels Chlorphosphors wieder in Indigo zurückgeführt. Dies war der erste künstliche Indigo... Die eigentliche Synthese aber fand man erst acht Jahre später, als es im Juni 1878 Professor Baeyer gelang, aus der Phenyl-Essigsäure auch das Isatin künstlich herzustellen...."

Wie bereits erwähnt gelang Adolf von Baeyer, der seit 1873 Nachfolger von Liebig an der Universität von München geworden war und bereits 1877 ein neues Laboratorium einweihen konnte, 1878 die erste Indigosynthese – ausgehend von aus Phenylessigsäure synthetisiertem Isatin, das dann als zum Indigo reduziert werden konnte.

Isatin

Indigo

1880 entwickelte Baeyer einen Syntheseweg aus o-Nitrozimtsäure, 1883 auch aus 2-Nitrobenzaldehyd.

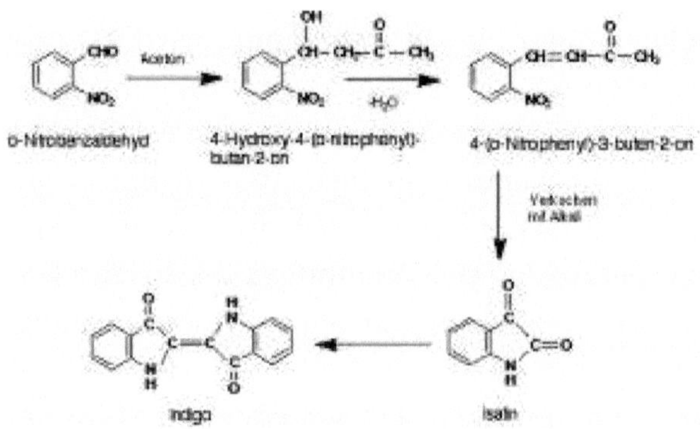

Und 1890 entwickelte der in Zürich an der Eidgenössischen Polytechnikum forschende Karl Heumann (1850-1894) einen neuen Syntheseweg ausgehend vom Phenylglycin, wobei das Anilin als Ausgangssubstanz eingesetzt werden konnte:

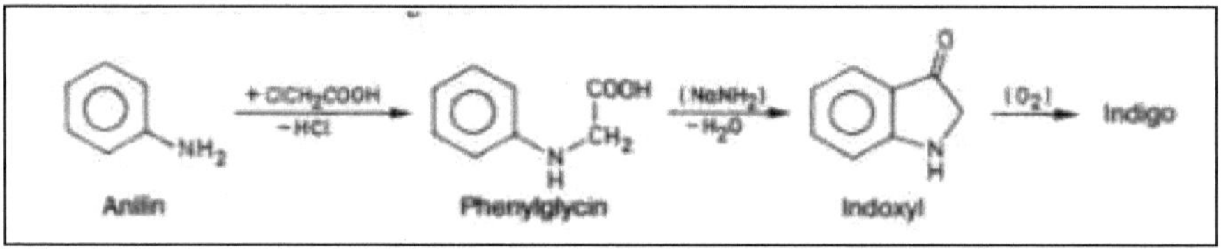

Im ersten Schritt wird Anilin (1) mit Chloressigsäure (2) unter Abspaltung von Salzsäure zum N-Phenylglycin (3) umgesetzt. Danach erfolgt in einer Schmelze aus Kaliumhydroxid bei 300 °C eine Umwandlung (Cyclisierung) zum Indoxyl (4). Schließlich kann die Oxidation zum Indigo (5) in alkalischer Lösung erfolgen. Eine Verbesserung des Verfahrens nach Johannes Pfleger (1867-1957, Industriechemiker bei der Degussa) bestand in der Verwendung von Natriumamid anstelle von geschmolzenem Kaliumhydroxid, mit dem die Reaktion unter milderen Bedingungen (um 200 °C) und damit höherer Ausbeute durchgeführt werden konnte. Die beiden Chemiekonzerne BASF und Farbwerke Hoechst AG entwickelten die Verfahren weiter und ließen sie patentieren.

1904 konnte bei der BASF ein noch einfacheres Verfahren entwickelt werden, das wiederum vom Anilin ausgeht und diese Base mit Ethylenchlorhydrin zum 2-Anilinethanol (N-(2-Hydroxyethyl)anilin) umsetzt. Nach der Behandlung mit einer Base und bei höherer Temperatur entsteht das Indoxyl, welches in alkalischer Lösung durch Sauerstoff dann zum Indigo oxidiert wird.

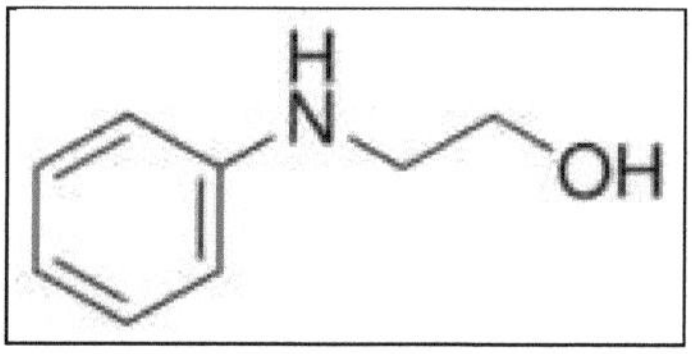

2-Anilinethanol =
Hydroxyethylanilin

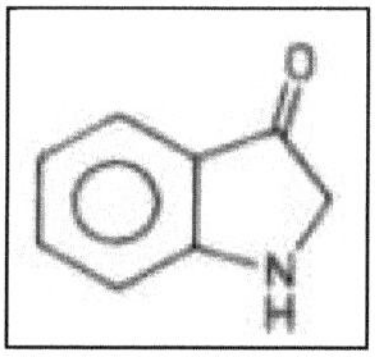

Indoxyl

Ein anderer Weg bei Hoechst, der ebenfalls zu Beginn des 20. Jahrhundert in der Synthese zum Erfolg führte, war die Umsetzung von Anilin mit Ethylenoxyd zum Hydroxyethylanilin.

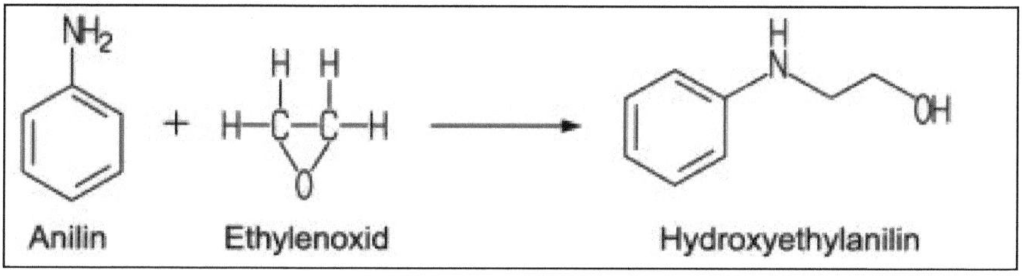

Anilin   Ethylenoxid   Hydroxyethylanilin

Ab 1924 wurde die Indigosynthese im Allgemeinen ausgehend vom Anilin über das Phenylglycinnitril durchgeführt, wobei in allen Fällen Indoxyl entsteht, das sich zum Indigo oxidieren lässt.

Eine sehr einfache Synthese beruht auf der Umsetzung von 2-Nitrobenzaldehyd mit Aceton:

Die Beispiele aus der Geschichte zur Gewinnung des synthetischen Indigos, der die aufwändige Gewinnung aus Pflanzenmaterial weitgehend verdrängte, dass viele chemische Wege zum Indigo führen und dass das Anilin mit einer eigenen Entdeckungsgeschichte aus Teer eine wichtige Ausgangssubstanz (auch für zahlreiche andere sogenannte „Teerfarben") darstellte.

Der langjährige Direktor der Hoechst AG für Öffentlichkeitsarbeit Ernst Bäumler (Jg. 1926) beschrieb im ersten Kapitel seines Buches „Farben, Formeln, Forscher. Hoechst und die Geschichte der industriellen Chemie in Deutschland" (München 1989) unter der Überschrift „Teer – Schatzkammer der Chemie" den Weg der Indigosynthese aus dem Labor (mit zunächst sehr geringen Ausbeuten) bis zur industriellen Produktion. Die Überschriften der Abschnitte lauten u.a.: *Der künstliche Indigo lockt – Schwieriger Weg zur Großproduktion – Der Zufall hilft* und schließlich *Das Ziel erreicht.*

1903 betrug die Produktion von Indigo bei Hoechst rund ¾ Millionen Kilogramm und steigerte sich bis 1913 auf 4,5 Millionen Kilogramm. Bäumler stellte fest, dass zu dieser Zeit der natürliche Indigo nur noch ein Schattendasein auf dem Weltmarkt führte: „Die Ausfuhr aus Indien hatte sich 1895/96 auf 187 000 Tonnen belaufen. Sie war 1913/14 auf 11 000 Tonnen zusammengeschmolzen und der Preis für den eingeführten Natur-Indigo von elf Mark pro Kilogramm auf etwa 6,50 gesunken."
Bäumlers Fazit: „Alle Welt verlangte künstlichen Indigo."

Indanthrenblau statt Indigo

Indanthrenfarbstoffe ist eine Qualitätsbezeichnung für Farbstoff aus sämtlichen Farbstoffklassen, die als Küpenfarbstoffe besondere Ansprüche an Licht-, Wasch- und Wetttechtheit erfüllen. Der Name *Indanthren* entstand als Akronym aus Indigo und Anthracen, weil der erste Indanthrenfarbstoff, das *Indanthrenblau RS*$^{®}$ eine indigoähnliche Färbung liefert und ein Abkömmling des Anthracens ist.

Dieser Farbstoff, der heute häufig anstelle des Indigos auch zum Blaufärben und Blaudruck verwendet wird (s. Kap. „Zu Besuch in der Einbecker Blaudruckerei"), wurde 1901 von dem Mitarbeiter der Badischen Anilin- und Sodafabrik, dem Chemiker René *Bohn* (1862-1922) als erster synthetische Küpenfarbstoff auf Anthrachinon-Basis entwickelt.

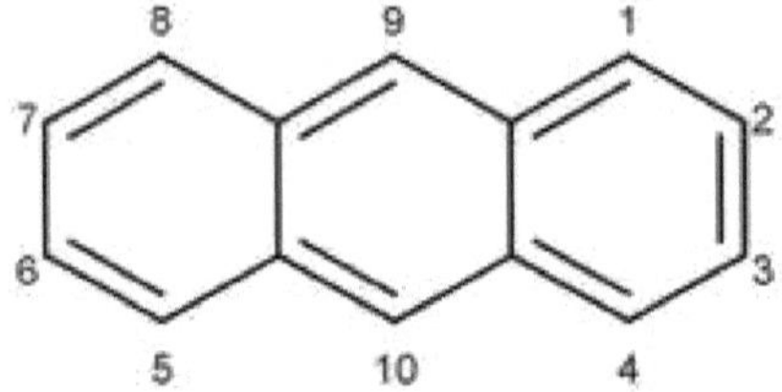

Anthracen

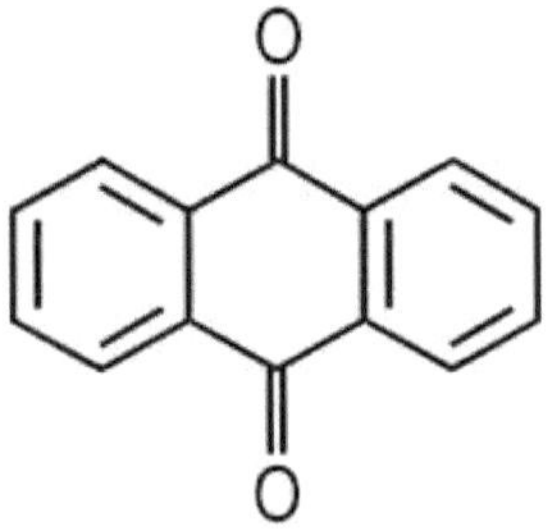

Anthracinon

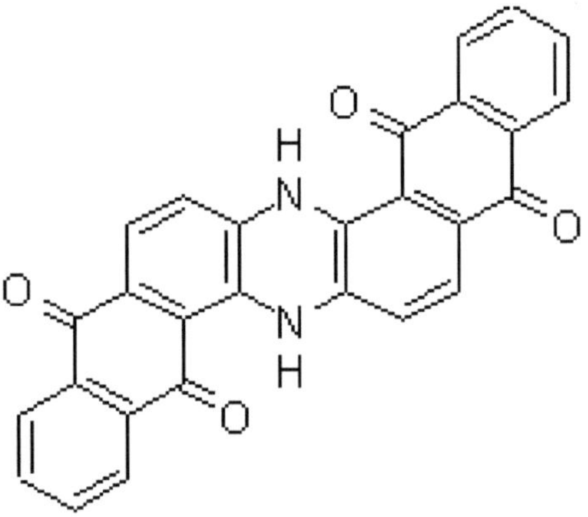

Indranthen

René BOHN war ein französisch-deutsch-schweizerischer Chemiker, in Dornach geboren, der in Zürich die Kantonsschule absolvierte und am Polytechnikum in Zürich von 18792 bis 1882 Chemie studierte. Zu seinen bedeutenden Lehrern zählten die Chemiker Victor Meyer, Frederick Treadwell, Georg Lunge und Karl Heumann. Nach der Promotion 1883 begann er seine berufliche Tätigkeit in einer Kattundruckerei in Mühlhausen im Elsaß. Durch die Vermittlung seines Lehrers Victor Meyer kam er 1884 zur

BASF in die Alizarin-Abteilung des Betriebslabors. Seine Forschungsergebnisse im Bereich der Farbstoffchemie werden als „aufsehenerregend" bezeichnet. Sein Freund und Kollege Paul Julius (1862-1931, Begründer der Chemie der organischen Azopigmente, zuletzt ab 1915 im Vorstand der BASF) bezeichnete seine Erfindungen als „stets eigenartig, verblüffend neu und deshalb grundlegend". Für den Farbstoff Indanthren wurde 1901 das Patent als „Verfahren zur Darstellung eines blauen Farbstoffes der Anthracenreihe" (DRP Nr. 129845) angemeldet. Ab 1911 leitete Bohn die Alizarin-Abteilung der BASF und wurde 1919 ordentliches Mitglied im Vorstand der BASF.

Synthese des Indanthrens

Aus zwei Molekülen 2-Aminoanthrachinon (1) unter stark alkalischen Bedingungen (Abspaltung von H^+) bei 220-225 °C erhält man über die Zwischenstufen (2, 3) und eine innerhalb des Moleküls (3) erfolgten Cyclisierung das Produkt 4, das dann zum Indanthren (4) oxidiert wird.

1923, im Zusammenhang mit der Gründung der I. G. Farben einigten sich Bayer, Hoechst und Casella auf einen Vorschlag der BASF alle Küpenfarbstoffe mit besonders guten und als Standard festgelegten Echtheitseigenschaften unter dem eingetragenen Warenzeichen Indanthren gemeinsam in den Handel zu bringen.

Im Römpp Chemie Lexikon (9. Auflage, 1990) werden Synthese und Anwendung des Indanthrenblaus als Küpenfarbstoff wie folgt:

In einem eisernen Rührkessel wird 2-Aminoantharchinon mit Kaliumhydroxid, Natriumhydroxid, Kaliumnitrat und Kaliumacetat gemeinsam („Ein-Topf-Verfahren") bei 220 °C unter Stickstoff geschmolzen. „Red(uktion) des Farbstoffs mit Na-Dithionit gibt eine blaue Küpe, wenn nur eine Chinon-Gruppierung [C=O am Ring] hydriert [reduziert] wird; der auf der Faser haftende monochinoide Farbstoff wird anschließend zur bis-chinoiden konrblumenblauen Form zurückoxidert..."

Mit der Bezeichnung Indanthren gibt es Farbstoffe unterschiedlichster Farben – von blau, braun, grün, rot, orange, violett und dunkelblau.

Geringe Änderungen im Molekül ermöglichen dieses Variationsbreite – als Beispiel seien die Strukturen des klassischen Indanthrenblaus und des Indanthren Dunkelblaus gegenüber gestellt:

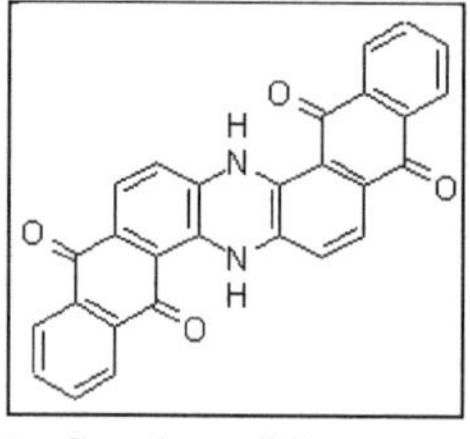

Indanthrenblau   Indanthren Dunkelblau

Über die chemischen Eigenschaften des Indigos

Beckmann schrieb (1800):
*Der beste Indig muß leicht seyn, im Wasser schwimmen und darin zergehen; er muß die dunkelste blaue Farbe, die in Schwarz übergeht, haben, und röthlich kupferfarbige Flecke annehmen, wo man ihn an einem harten Körper reibt. Alsdann nennet man ihn **gefeuerten Indig**, indigo cuivré, engl.* coppery Indigo. *Er muß ganz zu weicher Asche verbrennen, und in dieser keine beigemischte Erde bemerken lassen. Im starksten Vitriolsauer muß er sich mit großer Hitze gänzlich auflösen, und alsdann wie ein schwarz blauer Saft erscheinen, der mit noch so viel Wasser verdünnet, immer bläulich bleiben muß, nie röthlich werden darf...*

Über ein Jahrhundert später ist in der 7. Auflage des „Neuesten Waren-Lexikons" (1920) zu lesen:
„Aus 800 kg Pflanzen erhält man 1 kg Indigo mit 50-60 % I n d i g o t i n. Die Handelsware bildet geruch- und geschmacklose Stücke von tiefblauer Farbe, die beim Reiben einen kupferroten, metallglänzenden Strich zeigen und sich in Wasser ohne Hinterlassung eines erdigten Bodensatzes völlig zerteilen. Guter I. soll nicht mehr als 7 % Feuchtigkeit und 7-9 % Mineralstoffe enthalten, auf Wasser schwimmen und beim Erhitzen unter Entwicklung pupurroter Dämpfe sublimieren. Er ist unlöslich in Wasser, Alkohol, Äther, fetten Ölen, verdünnten Säuren und Alkalien, wird aber durch Chlor entfärbt, durch verdünnte Salpetersäure in Isatin, durch konzentrierte in Pikrinsäure übergeführt und von konzentrierter Schwefelsäure, Eisessig und Anilin gelöst. Der natürliche I. ist ein Gemisch mehrerer Verbindungen, von denen das zu 20-80

%, im Mittel 40-50 %, vorhandene I n d i g o t i n (I n d i g o b l a u) den eigentlichen   bildet. Daneben finden sich: das durch Äther und Alkohol extrahierbare I n d i g r o t, das in Alkalien lösliche I n d i g b r a u n und der in Wasser, Alkohol, Säuren und lösliche I n d i g l e i m. Das I. unterliegt zahlreichen Verfälschungen mit Stärke, Holzmehl, Berlinerblau usf., die nach den üblichen Methoden nachgewiesen werden. Das sicherste Mittel zur Wertbestimmung ist die Ermittlung des Gehaltes an Indigotin. –"

ERLÄUTERUNGEN

Indigo(blau, -tin)   Indigorot (Indorubin)

Indigoblau und **Indigotin** sind synonyme, chemisch veraltete Bezeichnungen für das *trans*-2,2'-Biindolinyliden-3,3'-dion oder auch allgemein als **Indigo** bezeichnet. Es bildet dunkelblaue, kupferrot glänzende Kristalle, die bei Temperaturen über 170 °C sublimieren, bei etwa 390 °C (unter Zersetzung) schmelzen.

Unter **Indigotin** versteht man sowohl reines Indigo als auch sein Stereoisomeres (*cis*- oder (Z)-Indigo)

Indigorot (chemisch 2,3'-Biindolinyliden-2'3-dion) ist das Isomere des Indigos. Es ist in pflanzlichen Indigo bis zu 60 % enthalten und löst sich in Alkohol und Ether, nicht aber in Wasser bzw. verdünnten Säuren oder Laugen.

Die Bezeichnung **Indigbraun** taucht in der Fachliteratur aus der ersten Hälfte des 19. Jahrhunderts häufig auf, speziell mit einer stark alkalischen Behandlung des Naturindigos. In Lehrbücher ist auch zu lesen, dass es *schwerlich rein zu erhalten* sei (Carl Löwig, Chemie der organischen Verbindungen 1846).

In konzentrierter Schwefelsäure findet eine Sulfonierung statt und es entsteht das wasserlösliche **Indigocarmin**, die 3,3'-Dioxo-2,2'-biindolinyliden-5,5'-disulfonsäure (als Dinatriumsalz auch Lebensmittelfarbstoff E 132), das Seide und Wolle direkt färbt.

Das als Verfälschung genannte *Berlinerblau* wird in einem speziellen Kapitel später näher vorgestellt.

Zur Chemie des Indigos nach Berzelius

Berzeluus

Die ersten Untersuchungen das natürlichen Indigos stammen aus dem Jahr 1827 und wurden von dem schwedischen Chemiker Berzelius durchgeführt. Auf ihn sind auch die im Folgenden beschriebenen Bestandteile des Indigos zurückzuführen. Er fand vier wesentliche Substanzen: *Indigblau*, *Indigrot*, *Indigbraun* und *Indigleim* genannt.

Die folgenden Auszüge zu den Eigenschaften des natürlichen Indigos liefern auch zahlreiche Anregungen für die im Kapitel „Experimente zur Chemie des Blaufärbens und Blaudruckens".

Im „Lehrbuch der Chemie. Als Leitfaden bei seinen Vorlesungen für die Studierenden an der Universität und zum Selbstunterricht" (2. Band, Cotta, München, Stuttgart und Tübingen 1832) des o. Professor für Chemie an der Universität München, Heinrich August Vogel ist mit Bezug auf zwei weitere bedeutende Chemiker der Zeit, Bergmann und Berzelius in Stockholm sowie Chevreul in Paris, zu lesen:

„Der im Handel vorkommende Indigo, selbst der beste, (...), enthält kaum die Hälfte seines Gewichtes wirklichen Indigo, und diesen von den fremden Stoffen getrennte blaue Farbe nennt C h e v r e u l *Indigotin.*

Ausser dem eigentlichen *Indigoblau* oder *Indigotin*, enthält der im Handel vorkommende Indigo nach B e r z e l i u s noch folgende Substanzen: 1) Pflanzenleim; 2) einen braunen Stoff (*Indigobraun*), 3) einen rothen Stoff (*Indigoroth*), welcher von B e r g m a n n und C h e v r e u l rothes Harz genannt wurde. Alle drei Substanzen sind etwas auflöslich in Wasser, können aber doch durch Wasser nur zum Theil vom Indigotin getrennt werden. Ausserdem befindet sich in den meisten Sorten vom Indigo etwas kohlensaurer Kalk, Magnesia und Eisenoxyd.

1) Der *Pflanzenleim* kann aus dem gepulverten Indigo mit verdünnter Schwefelsäure, und dann mit kochendem Wasser ausgelaugt werden. Aus der schwefelsauren Flüssigkeit lässt sich derselbe trennen, wenn man sie mit gepulvertem Marmor neutralisirt, und die filtrirte Auflösung bis zur Trockene abraucht.

Durch Alkohol lässt sich nun der Leim aus dem Rückstande auflösen, und durch Abrauchen der geistigen Flüssigkeit bleibt er als
glänzender Firniss zurück.

2) Das *Indigobraun* wird aus dem mit verdünnter Schwefelsäure und Wasser erschöpftem Indigo durch gelindes Erwärmen mit Kalilauge aufgelöst. Die filtrite Flüssigkeit ist dunkel-
braun, und das Indigobraun kann davon getrennt werden, wenn
man sie mit Schwefelsäure bis zum schwachen Ueberschuss von
Säure versetzt und filtrirt, wo alsdann das Indigobraun auf dem
Filtrum zurückbleibt. Bei der Destillation gibt dasselbe ausser den
brenzlichen Oelen ein ammoniakalisches Wasser. Mit den Säuren
bildet es in Wasser schwer auflösliche und mit Alkalien dunkel-
braune, sehr auflösliche Verbindungen.

3) Das *Indigroth* wird erhalten, wenn man das mit Säuren
und Kali behandelte Indigopulver mit Weingeist von 0,83 anhal-
tend und wiederholt kocht. Die Auflösung ist tief dunkelroth. Nach
dem Verdampfen der filtrirten geistigen Flüssigkeit bleibt eine
dunkle Masse zurück, welche eine Verbindung von Indigoroth und
Indigobraun mit Kali ist. Diese löst sich in Wasser auf, und wird
von Säuren niedergeschlagen. Wird diese Fällung mit einem geringen Ueberschuss von Essigsäure erzeugt, so kann das Indigobraun in der Auflösung zurückgehalten, oder mit Wasser ausgewaschen werden, wodurch eine rothe Flüssigkeit entsteht, welche
nach dem Abdampfen das Indigoroth als einen schwarzbraunen,
glänzenden Firniss zurücklässt. Die concentrirte Auflösung des
Indigoroths in Alkohol ist tief dunkelroth; nach Abdampfen des
Alkohols bleibt es als ein dunkelrothes Pulver zurück. Von der
concentrirten Schwefelsäure wird es zu einer dunkelgelben Flüssigkeit aufgelöst, welche durch Verdünnung mit Wasser eine gelb-
lich-rothe Farbe annimmt, ohne davon gefällt zu werden. Die Sal-

petersäure löst es mit einer schönen Purpurfarbe auf, welche aber bald durch Zersetzung in Gelb übergeht. Im luftleeren Raum erhitzt, sublimiren sich farblose Krystalle von desoxydirtem Indigoroth. An der Luft schnell erhitzt. Schmilzt und raucht es, und verbrennt alsdann mit heller, russender Flamme."

Der Pharmazeut Ludwig Clamor Marquart schrieb in seinem „Lehrbuch der praktischen und theoretischen Pharmacie" (1. Band. Pharmaceutische Naturgeschichte u. Warenkunde, Main 1844) zum Indigo u.a.:

„Eigenschaften. Der im Handel vorkommende Indigo ist von verschiedener Güte und stellt gewöhnlich unregelmässige Stücke dar, welche fest und bald leichter bald schwerer als Wasser sind; eine dunkelblau Farbe haben und mit dem Finger gerieben, einen schönen Kupferglanz zeigen. Der Indigo ist geschmack- und geruchlos, unlöslich in kaltem Wasser, Weingeist, verdünnten Säuren und alkalischen Lösungen. In verschlossenen Gefässen erhitzt, sublimirt er in purpurfarbenen Dämpfen, welche sich als kupferfarbene Nadeln anlegen; im offenen Feuer verbrennt er. In concentrirter Schwefelsäure wird der Indigo mit dunkelblauer Farbe gelöst Indigschwefelsäure durch Verdünnen mit Wasser nicht abgeschieden. Wenn der Indigo mit Substanzen in Berührung gebracht wird, welche den Sauerstoff begierig absorbiren, so desoxydirt er sich und wird aufgelöst, wenn zugleich eine alkalische Flüssigkeit vorhanden ist. Derartige Auflösungen des Indigos heissen *Küppen.* Man unterscheidet besonders *warme* und *kalte Küppen.* Zur Darstellung der warmen Küppen lässt man den Indigo durch ein gährendes Gemisch desoxydiren, indem man den Indigo mit dem Kraute von Isatis tinctoris, Krapp, Pottasche,

Aetzkalk und Wasser einer höheren Temperatur aussetzt. Der Indigo wird desoxydirt und in deem entstandenen Aetzkalk aufgelöst.

Kalte Küppen entstehen, wenn Indigo mit Eisenvitriol, Kalkmilch und Wasser angerieben und einige Zeit digerirt wird. In diesem Fall desoxydirt sich der Indigo auf Kosten des gefällten Eisenoxydulhdrats."

Abschließend sei noch der Text aus dem „Encyklopädischen Handbuch der Technische Chemie" von F. Strohmann (2. Band, Braunschweig 1866) zitiert, der die auch in unserer Zeit verständlichste Darstellung zu den vier, von Berzelius 1827 ermittelten Bestandteilen des Indigos enthält:

B e s t a n d t h e i l e   d e s   I n d i g o s. Als B e r z e l i u s zuerst 1827 den indigo auf seine Bestandteile untersuchte, fand er darin vier Substanzen: I n d i g l e i m ,   I n d i g b r a u n ,   I n d i g r o t h und I n d i g b l a u. Wenn aber, wie es wahrscheinlich ist, der Indigo sich nach S c h u n c k [Edward Schunck (1820-1903, britischer Chemiker und Unternehmer; Liebig-Schüler] *aus Indican bildet und dessen zersetzungsproducte dieselben bei der Gährung wie beim Einwirken von Säuren sind, so hat der Indigo eine complicirte Zusammensetzung (...); er besteht dann aus etwa sechs verschiedenen Substanzen, von denen alle in Wasser, und die Hälfte auch in Natronlauge unlöslich wären.*

Der I n d i g l e I m wird aus dem Indigo durch Digeriren mit verdünnter Schwefelsäure ausgezogen; wird der Auszug mit Potasche neutralisirt, die filtrirte Flüssigkeit verdunstet, der Rückstand mit Weingeist erschöpft und die weingeistige Lösung wieder verdunstet, so bleibt der Indigleim als gelbe bis gelbbraune, durchscheinende und glänzende Masse zurück, die nicht klebrig ist, wie Fleischextract schmeckt, sich in Wasser und Weingeist löst, mit Säuren und Alkalien Verbindungen eingeht. Er ist stickstoffhaltig; seine wäßrige Lösung wird durch Gerbsäure und viele Metallsalze gefällt.

I n d i g b r a u n. Wenn man mit Säuren behandelten, also von Indigleim befreiten Indigo mit concentriter Kalilauge erwärmt und den filtrirten schwarzbraunen Auszug mit Schwefelsäure neutralisirt, so scheidet sich Indigbraun mit wenigem Indigblau aus. Löst man diese Gemenge in einer Lösung von kohlensaurem Ammoniak, verdunstet die Lösung zur Trockne, zieht den Rückstand mit wenigem Wasser aus, filtrirt die Lösung von ungelöst gebliebenem Indigblau ab und fällt das Filtrat mit Schwefelsäure, so erhält man Indigbraun als braunes amorphes Pulver, das in Wasser unlöslich, in Weingeist sehr schwer, in Kalilauge leicht mit dunkelbrauner Farbe löslich ist. Ist wahrscheinlich ein Gemenge mehrerer Stoffe...

I n d i g r o t h. Wird mit Säuren und Alkalien ausgezogener Indigo mit Weingeist von 0,83 spec. Gew. so lange ausgekocht, bis der Auszug nicht mehr roth ist, sondern blau zu werden beginnt, wird dann der Weingeist von dem Auszuge zum größten Theil abdestillirt, so scheidet sich ein Theil des Indigroths ab, ein anderer bleibt im Rückstande mit Alkalien verbunden gelöst und wird aus dieser Lösung nach Zusatz von Wasser durch Essigsäure gefällt. Nachdem das so gewonnene Indigroth nochmals in Weingeist und aus der Lösung beim Verdunsten derselben wieder ausgeschieden ist, bildet es ein rothbraunes, amorphes Pulver, das in Wasser, verdünnten Säuren und Alkalien unlöslich, in Weingeist mit Aether mit dunkelrother, in concentrirter Schwefelsäure mit dunkelgelber Far-

be löslich ist. Es giebt beim Erhitzen im luftleeren Raume unter theilweiser Verkohlung ein Sublimat von weißen, glänzenden, nadelförmigen Krystallen, die durch Salpetersäure roth gefärbt und in Indigroth verwandelt werden. Ist wahrscheinlich identisch mit S c h u n c k's I n d i g r u b i n, das dem Indigblau isomer sein soll.

I n d i g b l a u. Es ist in dem in Säuren, Alkalien und Weingeist ausgezogenen Indigo mit etwas Kieselsäure gemengt und kann durch Sublimation dieses Rückstandes oder auch des Indigos selbst gewonnen werden. Man erhitzt gelinde einige Gramme Indigopulver zwischen zwei Uhrgläsern oder zwischen den Deckeln zweier Platintiegel, deren Mitten höchstens 3/8 Zoll von einander stehen, und nimmt von Zeit zu Zeit das im oberen Deckel sich krystallinisch verdichtende Indigblau weg.

Diese Vorschriften zur Isolierung der einzelnen Bestandteile von natürlichem Indigo vermitteln uns auch heute noch einen vollständigen Trennungsgang.

An diesen Text, der offensichtlich weitgehend auf der Originalarbeit von Berzelius beruht, folgen noch Vorschriften zur Darstellung von *Indigweiß*, also des Küpenfarbstoffes:

Eine andere Darstellung an Indigblau auf nassem Wege beruht auf seiner Eigenschaft, bei Gegenwart von Alkalien durch reducirend wirkende Substanzen in I n d i g w e i ß verwandelt zu werden, welches beim Einwirken von Sauerstoff sich leicht wieder in Indigblau verwandelt. Man übergieße nach F r i t s c h e [Carl Julius Fedorovič Fritsche (1808-1871; Apotheker, Chemiestudium bei Mitscherlich in Berlin, ab 1834 in St. Petersburg, 1838 Adjunkt der St. Petersburger Akademie; erhielt Anilin aus der Destillation von Indigo] *120 Grm. Indigopulver und 120 Grm. Traubenzucker in einer 6 Liter haltenden Flasche mit heißem 75-procentigem Weingeist und 180 Grm. concentrirter Natronlauge, so daß die Flasche ganz gefüllt ist. Während hierbei der Traubenzucker oxydirt wird, nimmt das Indigblau des Indigos Wasserstoff auf und das so aus ihm gebildete Indigweiß löst sich in der Natronlösung mit gelber Farbe auf. Wird dann die beim ruhigen Stehen geklärte Indigweißlösung an der Luft stehen gelassen, so nimmt sie rasch Sauerstoff auf und scheidet allmälig das wieder erzeugte Indigblau in Krystallen ab. Durch Waschen mit Weingeist und Wasser wird es völlig rein erhalten. –*

In ähnlicher Weise wird nach B e r z e l i u s Indigblau in amorphem Zustande aus Indigweiß gewonnen. Man bringt Indigopulver oder den bereits mit Säuren, Alkalien und Weingeist erschöpften Indigo mit dem doppelten Gewicht gebranntem (vorher gelöschten) Kalk und dem 150-fachen Gewicht heißem Wasser in eine Flasche und setzt dazu 2/3 vom Gewicht des Kalks Eisenvitriol; man schüttelt das Ganze tüchtig um und läßt es einige Stunden stehen. Der Eisenvitriol nimmt Sauerstoff, das Indigblau Wasserstoff auf und das gebildete Indigweiß löst sich in dem Kalkwasser mit gelber Farbe. Wird diese Lösung klar vom Bodensatz abgegossen und mit Salzsäure neutralisiert, so scheidet sich in der entstehenden Chlorcalciumlösung Indigweiß aus und dieses verwandelt sich beim heftigen Schütteln der Mischung durch den Sauerstoff der Luft in Indigblau. Es wird mit Wasser abgewaschen und getrocknet.

Das sublimirte Indigblau bildet purpurfarbige sechsseitige Prismen oder blättrige Krystalle, die bei durchfallendem Lichte tief dunkelblau erscheinen; das auf nassem Wege erhaltene ist ein dunkelblaues, purpurroth schillerndes, krystallinisches Pulver, das beim

Drücken fast metallisch kupferglänzend wird. Es ist geruch- und geschmacklos, verflüchtigt sich beim Erhitzen bei 290° in purpur-rothen Dämpfen und sublimirt unzersetzt. (...)

Die Vorschriften sind so genau und auch heute noch verständlich abgefasst, dass sie in jedem chemischen Laboratorium nachgear-beitet werden können.

Färben mit Sächsisch Blau und Berliner Blau

Der Apotheker und Chemiker Theodor GERDING (geb. 1820 in Winsen/Aller, gest. nach 1874, Datum unbekannt) hat ein umfangreiches Werk an Fachbüchern und auch populärwissenschaftlichen Werken hinterlassen – u.a. das im Folgenden mehrmals zitierte Buch

„Illustrirte Volks-Chemie für Hausfrauen und Gewerbsleute.
Allgemein verständlich und meist durch Recepte dargestellt"
(Frankfurt a. M. 1860)

Gerding hatte bei dem Chemiker Friedrich Wöhler in Göttingen studiert, war als Apotheker in Körner (Thüringen) bei Mühlhausen tätig gewesen (um 1848), wirkte als Lehrer für Naturwissenschaften in Jena und in Altena (Westfalen) als Konrektor der höheren Bürgerschule, bevor er in Göttingen 1860 das Technikum gründete und als Direktor leitete.

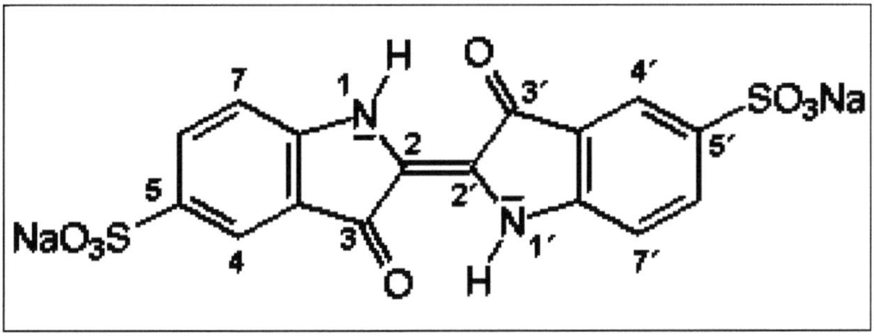

Struktur des Indigokarmins (*Sächsisch Blau*)

Mit *Sächsisch Blau* wird bereits in der *Oeconomischen Encyclopädie* (1773-1858) von G. Krünitz das Indigokarmin, das sulfonierte, wasserlösliche Derivat des Indigos bezeichnet und dessen Anwendung zum Blaufärben ausführlich beschrieben (Band 129 – **1821**).

Um 1743 fand Johann Christian Barth (gest. 1759; kurfürstlich-sächsischer Bergrat), dass sich Indigo durch die Reaktion mit konzentrierter Schwefelsäure in eine wasserlösliche Verbindung umwandeln ließ. Er stellte fest, dass sich mit diesem Indigoderivat Textilien viel einfacher als mit dem Indigo selbst färben ließen. Ab 1754 wurde der „sulfonierte Indigo" (s. Strukturformel oben) als *Indigokarmin* auch in den Handel gebracht. Es stellte sich jedoch heraus, dass es nicht besonders lichtstabil war.

Bei Th. Gerdings „Volks-Chemie..." (**1860**) ist eine Kurzfassung nachzulesen:

„Diese Färbung, obgleich sie jetzt noch seltener Anwendung findet, wird mit einer Lösung von Indigo in starker rauchender Schwefelsäure ausgeführt. Man löst zu dem Ende ein Theil Indigo in 4-5 Theilen rauchender Schwefelsäure, schüttet die Lösung in einen Kessel mit Flußwasser und bringt in die Flüssigkeit Flockenwolle, die man darin 24 Stunden liegen läßt. Nach dieser Zeit läßt man die Wolle abtropfen und bringt sie in einen Kessel mit Wasser, welches mit etwas kohlensaurem Ammoniak, Soda oder Potasche versetzt worden ist, und läßt sie mit demselben einige Zeit sieden. Mit der so erhaltenen Flüssigkeit färbt man die Wolle, nachdem sie zuvor mit Alaun ausgesotten worden ist. Namentlich feine wollene Stoffe werden damit gefärbt, aber man erhält nie so schöne Resultate, als diese in der Küpe erzielt werden.

Aus der Kurzbeschreibung ist zu entnehmen, dass die Wolle erst mit Alaun gebeizt werden musste, bevor sie dem Dinatrium-Salz des Indigokarmins (Neutralisation mit den genannten Carbonaten) gefärbt wurde.

In „Merck's Warenlexikon für Handel, Industrie und Gewerbe" (7. Auflage, Leipzig 1920) ist zu lesen:
„Von den übrigen Methoden der Indigofärberei ist vor allem die Anwendung der *Indigkompositionen* oder *Indig-Solution* zu erwähnen. Zu ihrer Herstellung löst man I. in konzentrierter Schwefelsäure und erwärmt die Lösung mit Flockwolle, wobei letztere das Indigotin an sich zieht. Der mit Wasser gewaschenen Wolle wird der Farbstoff mit Alkalien entzogen und die sog. *abgezogene Komposition* oder *Sächsischblau* zum Färben von Wolle und Seide, nicht von Baumwolle, benutzt. – In ähnlicher Weise verwendet man das rein dargestellte *indigschwefelsaure Natrium*, auch *Indigokarmin, blauer Karmin, löslicher I.* genannt, das in Form einer teigartigen Paste sowie als leicht in Wasser lösliches Pulver in den Handel kommen und außer in der Färberei auch als Malerfarbe, Tinte, Waschblau usw. benutzt wird…"

Färben mit Berliner Blau

$$Fe(III)_4 \left[\begin{array}{c} N \equiv C \\ Fe^{+II} \\ C \equiv N \end{array} \right]_3 \cdot x\,H_2O$$

Struktur vom *Berliner Blau* = Eisen(III)hexacyanoferrat(II)

Th. Gerding in seiner „Volks-Chemie" (1860):

„Durch Berliner Blau läßt sich der Wolle eine schöne blaue Farbe ertheilen, aber leider verblaßt dieselbe, sobald die Zeugstoffe dem Lichte ausgesetzt werden. Früher färbte man in der Weise, daß die Stoffe mit einer Lösung Eisen-Oxydsalz ausgebeizt und mit einer Lösung von gelbem Blutlaugensalz, mit Schwefelsäure angesäuert, ausgefärbt worden, wodurch auf der Faser Berliner Blau niedergeschlagen wurde. Oder man tauchte die Zeugstoffe in eine Auflösung von gelbem Blutlaugensalz, Schwefelsäure und Alaun in Wasser und setzte die Zeugstoffe alsdann der atmosphärischen Luft aus, welche eine Zerlegung in der Weise bewirkt, daß ebenfalls auf der Faser Berliner Blau zurückblieb.

Ein neueres Verfahren, wodurch ein herrliches Blau erzielt wird, besteht darin, daß man rothes Blutlaugensalz anwendet; und zwar 25-32 Theile desselben (in kristallisirtem Zustande), nebst 7-8 Theilen salpetersäurefreiem Zinnchloryd, 8-10 Theilen

Weinsteinsäure und ebensoviel Kleesäure. Sämmtlich Ingredenzien werden zusammengemischt, indem man sie in je 120 Theile Wasser auflöst. Mit diesem Gemenge färbt man die Zeugstoff für dunklere Thöne, unter Zusatz von Schwefelsäure und Erwärmen; für hellere Schattirungen nach Verdünnen mit Wasser.

Die Kleesäure [Oxalsäure] wirkt hier als Lösungsmittel für das Berlinerblau und die Weinsteinsäure und dient dazu, den Glanz zu erhöhen. Die Wolle wird zunächst hellgrün, dann dunkelgrün und endlich braun, wonach unter fleißigem Umrühren ½ Stunde zu kochen ist. Hierauf läßt man die Wolle abtrocknen, lüftet sie und wäscht sie gut aus, - Ein Zusatz von verdünntem Salmiakgeist giebt dem Blau einen Stick in's Violette und schwefelsaures Kupferoxiyd, Ammoniak macht es gegen Seifen haltbarer."

Aus der Geschichte der Blaufärber

Schwarzfärber, färbte auch Blau (aus: Jost Amman, Ständebuch 1568)

Blaufärber aus einem Handbuch des 16. Jh.

Im Mittelalter galt die Färberei als ein schmutziges Geschäft, weil die Färber mit übelriechenden Brühen umgingen. Deshalb waren Färbereien auch oft am Rand von Ortschaften und auch wegen des hohen Bedarfs an Wasser an Bächen angesiedelt. In ihrer Nachbarschaft befanden sich häufig auch die Viertel der Tuchmacher und Weber.

Das Färberwesen hat eine viel längere Tradition, die bis in vorchristliche Zeiten zurückreicht. Im Mittelalter fand jedoch eine Spezialisierung statt, in *Schwarzfärber* (s. Abb. oben links), *Blaufärber* (Abb. oben rechts), die entweder heimischen Waid oder importierten Indigo verwendeten, *Rotfärber*, die Tuche für den

Klerus und Adel färbten, *Buntfärber* als herkömmliche Färber ohne Spezialisierung und *Schönfärber*, welche fremdländische Farbmittel und besonders feine Stoffe verwendeten.

Nach den eingesetzten Materialien wurde auch noch in *Leinwandfärber* (auch Schlecht- oder Schlichtfärber genannt), die Flachsfasern färbten, *Tuch(Woll)färber*, die auf das Färben tierischer Wolle spezialisiert waren, *Baumwollfärber*, *Seidenfärber* und *Garnfärber*, die fertig gesponnene Garne färbten, unter-schieden.

Werkstatt eines Färbers (Kupferstich von Christoph Weigel 1698)

Im Frühmittelalter färbten oft noch Tuchmacher selbst ihre Stoffe. Im 12. und 13. Jahrhundert entwickelt sich dann ein eigenständiges Färberhandwerk. Durch flämische und italienische Händler kamen neue Färberpflanzen in Gebrauch (wie Safran) und es entwickelten sich auch neue Färbetechniken. In den Städten entstanden nun auch Zünfte, d.h. Zusammenschlüsse von

Handwerkern. Färberzünfte entstanden jedoch erst relativ spät, die sich infolge der genannten Spezialisierungen auch noch in verschiedene Zünfte und Gilden aufspalteten. Zunächst galten Färber als Lohnwerker anderer tuchverarbeitender Zünfte.

Durch den sogenannten Levantehandel (Handel mit den östlichen Ländern des Mittelmeeres) kamen neue Farben und Techniken nach Mitteleuropa – vor allem Indigo, Safran, Krapp und Farbhölzer. Als Beizmittel fand Alaun Verbreitung, obwohl ältere Beizen wie Aschenaufgüsse, Kalklaugen und auch Urin weiterhin in Gebrauch blieben. Färber aus Ober- und Mitteitalien und Flandern sorgten für eine Verbreitung der neuen Färbetechniken, welche die Grundlage für eine aufblühende handwerkliche Färberei bildeten.

Urkundlich sind 1208 u.a. flämische Färber in Wien nachweisbar, als Fläminger bezeichnet; in Regensburg werden 1259 Schwarz- und Waidfärber genannt und als *verwer* oder *verwenmekere* sind sie 1268 in Braunschweig belegt. Vor 1300 gab es in Mitteleuropa jedoch keine Färberzünfte. Obwohl es um diese Zeit bereits in Köln einige selbständige Färber gab, so färbten doch meist die Tuchscherer (Tuchmacher) noch selbst, ebenso wie in Straßburg die Tuscherer und Wollschläger. Erste Zusammenschlüsse von Färbern zu Zünften gab es erst im 14. Jahrhundert; das Handwerk des Färbens löste sich jedoch erst langsam von dem des Tuchmachers. Von den verschiedenen Färbern scheinen die Schwarzfärber als Erste eigenständig geworden zu sein. Das Blaufärben fiel im Mittelalter in den Bereich der Schönfärber.

Der hier speziell behandelte *Blaudruck* entwickelte sich seit dem 17. Jahrhundert. Dazu schrieben Reinhold Reith und Konrad Vanja im „Lexikon des alten Handwerks" (München 1990) u.a.:

„Durch die Ostindische Kompanie kamen blauweiß gemusterte Indiennes nach Europa, und bald gelang die Nachahmung des Blaufärbens nach >holländischer Art<. Der Blaudruck (auch Porzellandruck genannt) wurde im Reserveverfahren (negativer Druck) durchgeführt, d.h. beim Aufdruck der Reserve wurde während des anschließenden Färbens das Muster ausgespart bzw. reserviert, während der Zeugdruck dagegen als Direktdruck ausgeführt wurde."

Der Ursprung wird hier auf Indien bezogen. Als *Indiennes* bezeichnete man ursprünglich mit indisch-exotischen Motiven handbemaltes, später jedoch bedrucktes Kattungewebe. Als *Kattun* wird ein dichtes, glattes Baumwollgewebe bezeichnet, das als weißer Kattun zum Bedrucken gut geeignet ist. In Indien wurde diese Kunst seit dem 2. Jahrtausend vor Christus entwickelt. Durch Kaufleute aus Holland, England und Portugal gelangte diese Ware auch nach Mitteleuropa.

Der Herstellung von Baumwollzeug soll nach Angaben des Historikers Herodot von den Völkern am Kaspischen Meer entwickelt, dann von den Ägyptern nach Indien gelangt sein. 138 v. Chr. ist ein Handel von bedruckten baumwollen Stoffen aus Indien nach China bekannt.

Der französische Tuchfabrikant und Textildrucker deutsche Herkunft Christophe-Philippe Oberkampf (Wiesenbach, heute zu Blaufelden 1738-1815 Jouy-en-Josas bei Versailles) gründete 1759 die größte französische Fabrik für bedruckte Stoffe im Indienne-Stil.

Und so konnte anhand von ersten Nachrichten auch der römische Schriftsteller Plinius über den Blaudruck berichten, auch wenn seine Darstellung infolge der mündlichen Überlieferung für eine Nachahmung zu ungenau bzw. unverständlich war.
Möglicherweise hatte Plinius aber auch die Indigogewinnung bzw. den Blaudruck in Ägypten beobachtet.

Die Übersetzung des lateinischen Textes lautet:
„In Ägypten malt man auch Kleider auf höchst wunderbare Weise, indem man die weißen Zeuge, nachdem sie gewalkt sind, nicht mit Farben, sonder mit Substanzen auf welchen sich die Farben zersetzen, bestreicht. Nachdem dies geschehen ist, zeigt sich noch keine solche an den Zeugen, sondern diese werden in einen Kessel mit kochender Farbe getaucht und nach einem Augenblick gefärbt herausgezogen. (...)"

Eine frühe Beschreibung über die Gewinnung von Indigo stammt aus den Reisenotizen von Marco Polo (1254-1324). Er beobachtete das Verfahren an der Malabar-Küste in Westindien im damaligen Königreich Koulam:
„Auch haben sie sehr guten Indigo in großem Überfluß. Sie ziehen ihn aus einem Kraute, das mit den Wurzeln ausgerupft und in Wasserkübel geworfen wird, worin man es liegen läßt, bis es fault. Darauf pressen sie den Saft aus. Dieser wird der Sonne ausgesetzt

und verdunstet. Dann läßt er eine Art Teig zurück, welcher in kleine Stückchen von der Form geschnitten wird, wie wir ihn zu uns gebracht sehen." (Zitiert aus Anne Jean-Richard, Kattundrucke in der Schweiz, Basel 1968)

In den Reiseberichten von Marco Polo heißt es (in 25. Kapitel): „Wenn man Maabar [Malabar] verläßt und fünfhundert Meilen nach Südwesten zieht, kommt man in das Königreich Koulam. Darin halten sich viel Christen und Juden auf, die ihre eigene Sprache reden..."

Eine anschauliche Darstellung der *Färberei* oder *Färbekunst* im 19. Jahrhundert (vor Einführung synthetischer Farbstoffe) vermittelt das „Bilder-Conversations-Lexikon für das deutsche Volk. Ein Handbuch zur Verbreitung gemeinnütziger Kenntnisse und zur Unterhaltung" aus dem Leipziger Brockhaus-Verlag von 1838:
***Färberei** oder **Färbekunst** wird vorzugsweise die Kunst genannt, leinene, baumwollenen, wollenen und seidenen Stoffen verschiedene Farben zu geben und die Farbestoffe so an die Zeuche zu befestigen, daß sie möglichst fest an ihnen haften, d.h. weder abfärben noch Künstler, der F ä r b e r. Dies theilen sich in Schwarz-, Schön- und Seidenfärber. Die Färbestoffe, denen sie sich bedienen, sind sehr mannichfaltig und allen drei Naturreichen entlehnt; die meisten Farbestoffe kommen jedoch aus dem Pflanzenreiche. Die Färber haben die Hauptfarben oder einfachen Farben: Blau, Roth, Gelb und Schwarz. Das Verfahren beim Färben ist nach Maßgabe sowol der zu färbenden Stoffe als der aufzusetzenden Farben mannichfach verschieden. Jedoch kann man folgende Hauptoperationen unterscheiden: die Zubereitung der Farbe; die Vorbereitung der zu färbenden Stoffem damit sie die Farbe fest annehmen; das eigentliche*

Färben. Die Bereitung der Farbe darin, daß die Farbestoffe in Kesseln mit Wasser oder Lauge behandelt und so eine Farbenbrühe hergestellt wird, in welche nachmals die zu färbenden Stoffe eingetaucht werden. Was diese Stoffe betrifft, so nimmt das leinene Zeuch nur die blaue, die Baumwolle nur die rothe und blaue Farbe fest an. Wolle und Seiden nehmen alle Farben an, am festesten hält die Wolle brennende Farben. Die Wolle wird vor dem Färben gewaschen und gewalkt, die Seide entschalt, Baumwolle und Linnen gebleicht und gebrüht, damit die Farbe leichter angenommen und fester gehalten wird. Nich weitere Vorbereitung erhalten die Zeucht durch das B e i z e n. Namentlich bedient man sich hierbei des Alauns, und eine mit diesem hergestellte Beize wird ein Alaunbad genannt. Zuweilen wird ein Zeuch auch erst nach dem Färben in die Beize gebracht, zur bessern Befestigung der Farbe. Dieses Verfahren heißt S c h a u e n. Das Färben selbst geschieht im Allgemeinen durch Eintauchen in die Farbenbrühe. Zur Herstellung gewisser Farben bedient man sich verschiedener Farbenbrühen, in welche die Zeuche nacheinander eingetaucht werden. So erhält man grüne durch Eintauchen erst in gelbe, dann in blaue Farbenbrühe. Die Färberei beruht, wie man leicht sieht, auf der Kenntniß von der chemischen Natur der anzuwendenden Farben und der Beizen, sie ist daher erst in neuerer Zeit zu einer größern Vollendung gekommen, seit die Chemie so bedeutende Fortschritte gemacht hat. Doch reichen chemische Kenntnisse allein nicht aus, indem sehr viel auf Handgriffe und Verfahrungsarten ankommt, die allein durch Erfahrung erlangt werden. (...)

Aus der Geschichte des Blaudrucks

Der Schweizer Archäologe, Sammler, Kunsthändler, Museums-
direktor und Denkmalfpfleger Robert Forrer (1866-1947) berichtete in seinen Werken u.a. über die Tunika eines etwe drei- bis
vierjährigen Kindes als Grabbeigabe in den Gräberfeldern von
Achnimi (Panapolis) in Oberägypten in Wachsmalerei mit Blau-
färbung. Forrer gilt als bedeutendster Zeugdruckforscher. Die
Tunika soll aus dem 4. Jahrhundert n. Chr. stammen.

Muster der ägyptischen Kindertunika
(Modeldruck mit Wachsreservierung und späteren Färbung)

Spätesten mit der Entdeckung und Untersuchung von Stofffunden
im Grab des Bischofs *Caesarius von Arles* (um 470 bis 542) im Jahre 1894 verstand man auch den Text des Plinius. Als der älteste
Beleg für den Blaudruck im Reserveverfahren wurde auch in einer

Sonderausstellung des Kreismuseums Grimma eine Kindertunika aus dem 4. Jahrhundert aus einem ägyptischen Gräberfeld genannt. Das Verfahren wurde später mit der Einfuhr von Indigo durch die Niederländische Ostindien-Kompanie (1602 gegründet, bestand bis 1798) auch in Mitteleuropa bekannt.

Der italienische Freskenmaler Cennino Cennini (um 1370 bis um 1430) beschrieb in seinem „Buch der Künste oder Tractat über die Malerei" (Padua 1440) im 173. Kapitel auch „die Art, mit der Form auf Tuch zu malen" und er erwähnt die für den Druck notwendigen Holzschnitttafeln in Größe eines Backsteins.

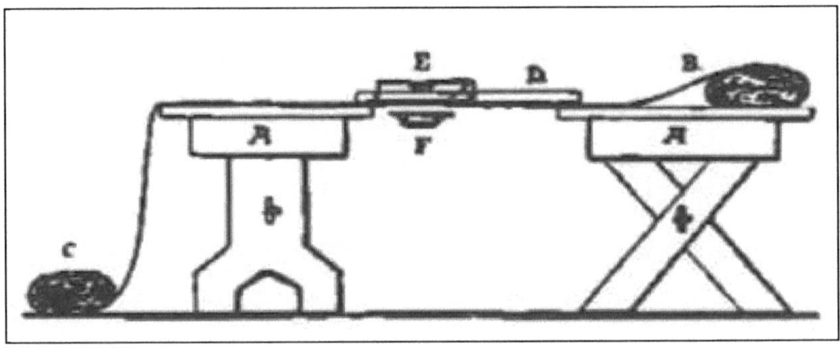

Rekonstruktion eines Drucktisches nach den Angaben Cenninis
(aus: Robert Forrer, Die Kunst des Zeugdrucks vom Mittelalter bis zur Empirezeit, Straßburg 1898)

Die Erläuterungen lauten:
„A. Die beiden Drucktische. B. Das noch unbedruckte Tuch. C. Das bereits bedruckte Tuch. D. Der Holzrahmen mit der auf der untern Seite eingespannten Leinwand; der Rahmen auf die beiden Tischkanten gestützt. E. Die mit dem Bilde nach unten gekehrte hölzer-

ne Druckform; in die eine Hälfte den Rahmen eingepasst und mit der linken Hand auf die Leinwand festgedrückt. F. Das Schildchen, das mit der Rechten von unten nach oben gegen die Leinwand gedrückt wird und zum Anreibe behufs Erzielung gleichmässigen Farbauftrages dient."

Ein weiterer Beleg für den mittelalterlichen Stoffdruck ist in einem aus dem Nürnberg Katharinenkloster stammenden Rezeptbuch aus der Mitte des 15. Jahrhunderts zu finden, dass auch Robert Forrer in seinem Buch „Die Kunst des Zeugdrucks..." vorstellt. Er berichtet: „Bezüglich des Druckes sagte der Nürnberger Tractat, dass die Form, auf welcher die Farbe aufgeragen sei, auf die gestärkte Leinwand gelegt und ‚mit einem Knebel auf einer Rahm' gerieben werde. Wir stellen uns dabei die Sache so vor, dass die Leinwand, auf die untere Seite des Rahmens gespannt, auf einen Tisch gelegt und in den Rahmen dann die wohl genau in denselben passende und auch gleich starke Form eingefügt wurde. Um einen gleichmässigen Druck zu erzielen, wurde dann mit einem Knebel oder einem Brettchen mit Handhabe die Form auf die Leinwand festgedrückt."

Rekonstruktion eines Drucktisches nach den Angaben des Nürnberger Manuskriptes (aus: Robert Forrer – s.o.)

Erläuterungen:
„A. Der Drucktisch. B. Das noch unbedruckte Tuch. C. Das bereits be-
druckte Tuch. D. Der Holzrahmen, welcher auf den Stoff gelegt wird. E.
Die in den Rahmen eingepasste Druckform. F. Der Knebel, mit dem die
Druckform auf den Stoff festgedrückt wird.“

Die Technik des damaligen Drucks bestand darin, Ölfarben mittels des Holzmodels direkt auf den Stoff aufzudrucken.

„Der den Oeldrucken lange anhaftende starke Geruch und die durch das
heraustretende Oel sich bildenden dunkeln Flecken waren Nachtheile,
welche den sonst so einfache und bequem zu handhabenden Oeldruck
nur so lange eine hohe Stellung einnehmen liessen, als kein *besseres*
Product sich ihm als Concurrent gegenüberstellen konnte. Dies war nur
eine Frage der Zeit, und in der That tauchten gegen Ende des XVII. Jahrhunderts in deutsche Städten englische und holländische Druckstoffe
auf, welche die deutschen Oeldrucke gänzlich zu erdrücken drohten. Sie
entbehrten die oben gedachten Mängel und waren ebenso haltbar, wie
jene, ja weitaus haltbarer und besser verwendbar, weil sich das Muster
mit dem Gewebe vollständig verband, derart, dass diese Drucke, weit
mehr den durch den Weber gemusterten Stoffen glichen, als die als Oeldruck decorirten, bei denen die Farbe immer mehr oder minder nur auf
dem Gewebe auflag. Umsonst war alles ‚probiren und studiren‘, die deutschen Drucker sahen ihr eben wieder aufblühendes Gewerbe durch die
fremden Druckstoffe von Neuem rückwärts gehen. –“
(Robert Forrer 1898)

Manfred Bachmann und Günter Reitz stellen in ihrem Buch „Der
Blaudruck“ (Leipzig 1962) u.a. fest: „Der in Deutschland besonders im 13.-15. Jh. blühende Zeugdruck mündete schließlich in
den Buchdruck der Spätgotik und ist mit Recht als dessen Vorläufer zu betrachten. (...) Die enge Bindung des früheren Buchdrucks

am den Zeugdruck wird auch durch die Tatsache erhellt, daß noch im 16. Jh. bedeutende Buchdrucker Buch- und Zeugdruck nebeneinander betrieben..."

Der gleichen Meinung ist auch Robert Forrer:
„Alle Anzeichen sprechen dafür, dass die Zeugdrucker des XV. Jahrhunderts im engsten Zusammenhange mit jenen Kunstbeflissenen standen, welche damals den Bild- und Blockbuchdruck ausübten und also den Typendruck vorbereiteten. (...)
In den Jahren 1460 bis 1463 sahen wir in Regensburg nicht weniger als vier Drucker thätig, und von diesen hat nur Lienhart und dieser auch erst um 1470 uns ein Holzschnittbuch hinterlassen. Man ist deshalb zu der Annahme berechtigt, dass von diesen Leuten der Bild- und Buchdruck nur *gelegentlich* betrieben wurde, dass ihre *Hauptbeschäfftigung* und ihr *Hauptverdienst* aber im *Zeugdruck* lag. *Dieser* war das Handwerk, auf welches sich der Lebensunterhalt jender Drucker stützte und die Bezeichnugn ,*Drucker*' und ,*Aufdrucker*' spricht, wie ich zeigen werde, durch sich selbst schon dafür, dass damit ein Zeugdrucker gemeint war."

Der Holländer Peter Klock van Aelst soll das verlorengegangene Reserveverfahren wieder nach Europa gebracht haben (Rose Müllers). Möglicherweise handelt es sich um *Pieter Coecke van Aelst* (1502-1550), einen flämischen Maler, der 1527 als Meister der St.-Lukas-Gilde in Antwerpen genannt wird und 1533 eine Reise nach Konstantinopel antrat.

Pieter Coecke van Aelst

Nach Rose Müllers soll er auf seiner Reise in den Orient nicht nur erstklassige Färbungen, sondern auch das Geheimnis des Blaudrucks entdeckt haben.

Rose Müllers (geb. 1941 in Münster, übernahm 1966 der Werkstatt vom 1964 verstorbenen Besitzer Kentrup-Bläu in Nottuln) betrieb in Aulendorf in der Nähe von Billerbeck eine Blaudruckerei. Nach Angaben des Heimatvereins Burgsteinfurt bot sie diese aus Altersgründen zum Verkauf an. Durch die Vermittlung der Vorsitzenden des Kunstvereins in Steinfurt entstand ein Kontakt zum Heimatverein und so konnte 2006 die Blaudruckwerkstatt des Heimatvereins im ehemaligen Bürgermeisterhaus in der Kirchstraße 4 mit 400 Modeln eröffnet werden, wo sowohl der

Direktdruck als auch das Reservedruck-verfahren angewendet werden.
(www.heimatverein-burgsteinfurt.de; Link: Blaudruck)

Titel(Umschlag)seite – Coppenrath-Verlag, Münster, (Druckhaus Teckelneborg, Borghorst, Buchbinderei Klemme & Bleimund, Bielefeld)

Das Geheimnis des Blaudrucks wird als „eigentlich simpler, aber arbeitsaufwendiger Prozeß" beschrieben (R. Müllers). Er besteht aus dem Drucken eines Musters mittels eines hölzernen Models, „auf das eine spezielle Mischung aus Ton, Alaun, Vitriol, Eiweiß und Terpentinöl aufgetragen werden mußte. Nach dem Trocknen wurde der Stoff auf einen spiralförmigen Rahmen gespannt, 3-4 Minuten in einen Bottich mit Farbe getaucht und hinterher so lange mit heißem Wasser gewaschen, bis das weiße Muster auf dem gefärbten Grund erschien."

Der erste Blaudruck in Deutschland im Reservedruck wurde 1669 oder 1670 durch Jeremias bzw. Georg Neuhofer in Augsburg hergestellt.

Georg Neuhofer (1660-1735) war ein gelernter Goldschläger, der 1688/89 auf Reisen durch England und Holland zusammen mit seinem Bruder Jeremias Neuhofer die Technik des Kattundrucks erlernte. 1693 kaufte Georg Neuhofer in Augsburg-Lechviertel drei Häuser, wo er wahrscheinlich seine Werkstatt einrichtete. Er versuchte für die ausspionierte Technik des Kattundrucks ein kaiserliches Privileg zu erhalten, was jedoch am Einspruche des Augsburger Rates scheiterte, der die Zahl der Färber auf 16 begrenzt hatte. Nach 1700 richtete Neuhofer auch eine Bleiche ein und konnte sein Gewerbe erfolgreich auch ohne spezielles Privileg ausbauen.

Im Stadtarchiv Augsburg wird über Georg Neuhofer Folgendes berichtet: Er habe mit seinem Bruder, dem Tuchscherer Jeremias, und einem Färber auf zwei Erkundungsreisen 1688/89 durch England und Holland den Kattundruck nach englisch-holländischer Manier und die Technik des Krapprotfärbens in

Augsburg eingeführt. Jeremias Neuhofer habe 1701 die Stadt wegen Überschuldung verlassen, sein Bruder Georg jedoch habe eine Druckerdynastie begründet, die von Georg Abraham Neuhofer (1697-1773?) erfolgreich weitergeführt worden sei. Zwischen 1775 und 1779 bedruckte Georg Christian Neuhofer über 10.000 Augsburger Kattune jährlich.

Robert Forrer berichtete in seinem Werk „Die Kunst des Zeugdrucks…" (1898) ausführlich über die Geschichte der Brüder Neuhofer und stellte schließlich fest, dass die englisch-holländische Druckerweise „Neuhofer trotz vieler Versuche nicht gelingen wollte, bestand denn auch in erster Linie darin, dass zu ihrer Herstellung vor allem *eine gänzlich veränderte Technik* zur Anwendung gelangen musste. *,Die gedruckte Waare musste nach dem Druck gefärbt werden.'* Das war für Neuhofer eine grosse Ueberraschung, auf die er nicht vorbereitet gewesen war. *Als Tuchscherer durfte er kraft der Zunftgesetze nicht färben, und ,von den Färbern hatte nicht Einer in Augsburg die geringste Wissenschaft von der Sache.'* Jeremias musste sich also entschliessen einen Färber namens *Daniel Deschler* seine Sache zu offenbaren und unter gewissen Bedingungen gemeinsame Sache mit ihm zu machen.' Um 1690 kam nun die Druckerei nach englisch-holländischer Manier in Gang und begann von da ab rasch emporzublühen."

Als einen „interessanten Einblick in diese Zeit des Kampfes zweier Techniken" bezeichnete Forrer „die *Aufzeichnungen* der Zeugdruckerfamilie *Neuhofer zu Augsburg*, die sich in Privatbesitz erhalten haben." Ausführlich werden sie in der „Deutschen Färberzeitung" von 1893 (No. 14, 15, 16) unter dem Titel „Die Entwickelung der Kattundruckerei in Augsburg, von ihrem Beginne bis zum Anfang dieses Jahrhunderts" von Georg Roggenhofer.

Georg Neuhofer (1660-1735)

Über die Funktion von Georg Neuhofer in dieser Geschichte wird berichtet, dass er auf Bitten seines Bruders Jeremias bewegt wurde, nach den missglückten Versuchen die neue Technik selbst anzuwenden, mit einer Kurmainzischen Gesandtschaft erneut die Reise nach Holland anzutreten. Georg Neuhofer hatte bei seinem Bruder Jeremias *„den nöthigen Einblick in den Zeugdruck gewonnen, um jetzt das zu Erlernende besser erfassen und das Ächte vom Unächten scheiden zu können. In Holland wurde er von einem Augsburger, namens Abraham Rossler, an einen Kattundrucker empfohlen, dem er 20 Wochen lang diente, und wo er sich, hierauf auch in England, die zahlreichen damals so streng gehüteten Druckgeheimnisse aneigenete. Nun kehrte Georg zurück, und schon die ersten Proben zeigten, **dass diesmal die Kunst gefunden war.**"*

Ab 1700 wurden auch bessere Schutzreserven entwickelt. Zuvor enthielten sie meist Wachs und Leim, die von den warmen Küpen mit Färberwaid aufgelöst wurden. Das älteste Rezept zu einem *Papp* wurde in einem holländischen Tagebuch von 1727 entdeckt. 1734 wurde in der preußischen Verwaltungseinheit Minden-Ravensberg im nordöstlichen Westfalen (1719-1807) auch eine Zunft für Blau- und Schönfärber gegründet, die zuvor zu den Schwarzfärbern gehörten.

Das Handwerk des Blaudrucks nahm im 18. Jahrhundert seinen wesentlichen Aufschwung. Mit der Industriealisierung jedoch wurden nun teure Stoffe und aufwändigere Verarbeitungsformen bevorzugt. Blaudruck, mit dem Stoffe aus vorwiegend handgewebtem Leinen für Bettwäsche, Vorhänge oder sogar Kleidung gefärbt waren, galt nur noch als Kunst der armen Leute. Der maschinelle Walzendruck bedeutete auch das Aus für viele Blaudruckwerkstätten, so dass heute nur noch wenige Hand-werksbetriebe (s. Anhang) bestehen, welche die Herstellung und den Einsatz von Modeln und die Techniken des Blaudrucks beherrschen. Die älteste noch aktive Blaudruck-Werkstatt Europas befindet sich in Einbeck (s. „Zu Besuch in Blaudruck-Werkstätten und Färbermuseen").

Robert Forrer schrieb über diese Entwicklung des Blaudrucks, *der bedruckten „Indiennes" in Deutschland*, u.a.:
„Von der Stadtbevölkerung gieng die Mode allmählig auch auf die Landbevölkerung über, und mit dem steigenden Bedarf stieg wieder die Zahl der Druckereien. In allen Theilen Deutschlands bildeten sich unausgesetzt neue Kattunfabriken und neue Druckereien.

Als Zentren des Zeugdrucks nennt er Hamburg und Augsburg. Aus dem Adressbuch der Stadt Köln nennt er *Philipp Reiner Steinkrüger* als Zeugdrucker, von dem zu lesen sei: *Druckt in hell- und dunkelblau, grün und mit Blumen gedruckte Halstücher und Leinentuch für Kittel.*

Und vom Zeugdrucker *Engelhard* in Kassel berichtet er zu einer Abbildung von Blaudrucken für Hals- und Taschentücher Fig. 1,3,6) sowie Kleiderstoff (Fig. 2,4,5) Folgendes:

Louis-XVI-Blaudrucke von Engelhard in Kassel

Die abgebildeten Muster sind farbige „*Papierdrücke, welche des Druckers Musterbuch bildeten, und durchweg in hellerem oder dunklerem Blau mit weis ausgespartem Ornament gedacht sind. Sie bieten theils fortlaufende Gewebemuster, theils abgepasste Hals- und Schnupftücher, deren Styl der der Louis-XVI-Zeit und des Empire ist.*"

Holzmodeln für den Blaudruck

Der *Formschneider* – aus Chr. Weigel, Abbildung der gemein-nützlichen
Haupt-Stände..., Regensburg 1698

Ein *Formschneider* oder auch *Xylograf* genannt ist ein fast ausge-
storbener Beruf. Er beschäftigt sich mit der Herstellung von
Druckformen für u.a. die Stoffdruckerei. Er zählt zu den Kunsthandwerkern. Die Berufsbezeichnung ist bereits seit 1440 nachweisbar.

Die Muster des Reserve-Blaudrucks entstehen auf dem Gewebe
durch die Verwendung von Schablonen, die *Modeln* genannt werden. Modeln wurden (und werden) von einem spezialisierten
Handwerker, dem Formenstecher oder Holzschneider, hergestellt.

Ursprünglich wurde dazu Buchsbaumholz verwendet, aus dem das Muster mit einem Stemmeisen oder Stecheisen herausgestochen wurde. Seit dem 19. Jahrhundert wurden auch Modeln zum Farbdruck benutzt, bei denen das Muster aus feinen Messingstiften und –platten besteht, die in Birnbaumholz eingeschlagen werden. Mit einem Zieheisen lassen sich die Drähte so bearbeiten, dass sie beispielsweise einen viereckigen oder sternförmigen Querschnitt erhalten, der dann auf dem bedruckten Stoff als Muster erscheint. Um ein einwandfreies Druckergebnis zu erhalten, muss die Oberfläche der Model plangeschliffen werden. Eine weitere Bedingung ist, dass es sich trockenes, gleichadriges, astfreies und gut ablagertes Holz handeln muss, damit sich der Model nicht verzieht. Großflächige Modeln sind aus drei Schichten verleimt. Dafür wird Birnbaumholz mit dem leichteren Lindenholz kombiniert. In der Regel haben die Modeln an den Kanten oder auf der Rückseite Handgriffe. An jeder Ecke befindet sich ein sogenannter Rapportstift (Rapport oder Dessin, auch Muster genannt), der auf dem Stoff eine Markierung hinterlässt. Auf diese Weise ist dann ein lückenloser Druck möglich.

Musterbücher dienten auch den Blaudruckern wie vielen Künstlern und Kunsthandwerkern seit der Renaissance als Vorlagen. Es handelt sich um eine Sammlung sowohl von Ornamenten als auch Bildtypen. Sie wurden in einer Werkstatt als mustergültig erachtet und auf diese Weise fixiert. Musterbücher wurden außerdem zur Ausbildung des Nachwuchses und stellen eine Dokumentation der stilistischen Eigenheiten einer Epoche – und auch einer speziellen Werkstatt dar.

Blaudruck-Model und das Muster (unten) – aus dem Musterbuch 19. Jh.
(Sillian/Osttirol), Museum Schloss Bruck, Lienz

In dem schon mehrmals genannten Werk der Blaudruckerin Rose Müllers „Blau mit weißen Blumen" sind zahlreiche Muster bzw. Modeln abgebildet – u.a. aus dem „Erinnerungsbuch der Blaudruckerei Müller in Scheßel" (1906, mit dem Zunftwappen der Blaufärber), aus dem „Musterbuch von Meister Engelhard in Kassel" und zahlreichen Beispielen aus dem Landesmuseum (LWL-Museum für Kunst und Kultur) Münster sowie Germanisches Nationalmuseum in Nürnberg.

G. Stark berichtet (in : Schlomßmuseum Jever, Objekt des Monats, nr. 22/Mai 1990): „Zu den ursprünglich reinen Holzformen kamen im 18. Jahrhundert durch den Wandel im Zeitgeschmack und Stil (Barock-Rokoko) Muster, die mit Messingstiften und –streifen gebildet wurden. Da es unmöglich war, zarte, verspielte Motive mit winzigen Pünktchen aus Holz zu streichen, wurde mehr und

78

mehr aus Metall das Muster gebildet. Darüber hinaus waren diese ‚Pictomodeln' auch länger haltbar."

Modeln mit Messingstiften (aus dem Buch von Rose Müllers)

Brigitte Urbitsch bezeichnet die Model als den besonderen Schatz des Blaudruckers. Jeremias Neuhofer habe seine ersten Druckformen noch selbst geschnitten. Nach anderen Quellen und Autoren soll er dafür aber einen *Formschneider* angestellt haben. Das Druckformenschnitzen hatte sich bereits durch den Buchdruck zu einem eigenständigen Handwerk entwickelt. Für den Stoffdruck waren jedoch gröbere Formen erforderlich. Neben dem wegen der feinen Fasern allgemein verwendeten Birnbaumholz wurde für besonders feine Muster auch Buchsbaumholz verwendet. Vom Holz wird verlangt, dass es astfrei und gleichadrig beschaffen ist, um ein Verziehen und die damit verbundenen Unregelmäßigkeiten beim Drucken zu vermeiden. Die Model wird aus mehreren Schichten an Hölzern hergestellt, wenn es sich um große Muster handelt. „Unter dem Birnbaumholz wird dann zum Beispiel Lindenholz wegen seiner Leichtigkeit bevorzugt."

Brigitte Urbitsch berichtet auch über das Handwerkszeug eines Formenstechers und die Anwendung. Als Werkzeuge nennt sie Stemm-, Stech- und Putzeisen, mit denen „alles nicht zur Druckfläche des Models gehörige Holz in einer Tiefe von etwa 5 mm – 10 mm ausgestemmt" würde. Und für feinere Konturen werden bis zu mehreren Tausend Messingstifte (s.o.) unterschiedlicher Durchmesser eingeschlagen. Solche Anwendungen, auch die Gestaltung von Modeln mit Messingblechstreifen mit scharfer Kante, sind offensichtlich schon seit Anfang des 18. Jahrhunderts gebräuchlich gewesen.

Die Größe einer Model betrage im Allgemeinen 20 x 23 cm, Modeln für Kanten und Brodüren seien kleiner; die Stärke einer Model liege bei 3 bis 5 cm. Die Druckmodel, der Druckstock sei so gearbeitet, dass der Blaudrucker sie im *Rapport*, d.h. in der Musterwiederholung abschlagen könne und sich so das Muster ohne störende Gassen absetzen ließe. Und dabei kommen Rapportstifte am Rand oder an den Ecken zum Einsatz, die eine Orientierung und einen passgenauen Ansatz ermöglichen. Die Stifte verursachen auch eine Markierung auf dem Stoff, so dass der Blaudrucker jeweils das Model beim fortlaufenden Gestalten und Reihen von Kanten und Flächen exakt ansetzen kann.

Und schließlich stellt Brigitte Urbitsch fest: „Der Modelvorrat stellte zugleich den Stolz und das Kapital der Färber dar. Dieser Schatz wurde sorgfältig gehütet und innerhalb der Blaudrucker-familie weitervererbt."

Zur Technik und Chemie des Blaudrucks

Offensichtlich war schon den ägyptischen Kopten sowie in Indien und Java die Reservetechnik des Blaudrucks bekannt, die von Plinius beschrieben wurde (s.o.).

Zu den Anfängen bzw. Vorläufern des Blaudrucks gehört die noch heute ausgeübte *Batiktechnik*. Sie stammt aus Indien, von wo aus sie nach Ägypten gelangte und bereits vor dem 1. Jahrhundert n. Chr. bekannt war. Batik bedeutet in der malaiischen Sprache „Sprenkel“. Ursprünglich wurde das Gewebe mit Wachs überzogen und dann geknittert. Dabei bildeten sich feine Risse in der Wachsschicht, in welche beim anschließenden Färben der Farbstoff in das Gewebe eindringen und so ein farbiges Muster bilden konnte.

Bei einer dem Blaudruck näher kommenden Technik wird das Gewebe nur stellenweise mit Wachs abgedeckt und dann in die Farblösung eingetaucht. Auch die Technik *Indonesische Batik* wurde von der UNESCO 2009 in die Repräsentative Liste immateriellen Kulturerbes der Menschheit aufgenommen.

Die als *Indiennes* vor allem zunächst aus Holland eingeführten bedruckten Kattunstoffe, auch *Porzellandrucke* genannt, werden durch Einfärben der Stoffe (meist Leinen) mit Indigo nach dem „Stempeln“ mit einem Blaudruck-Papp (aus Ton, Weinsteinsäure, Gummi u.a.) aus *Modeln* hergestellt. Als Model bezeichnet man eine Druckform, einen Holzstempel für den Textildruck.

Zur Chemie der *Druck-* oder *Pappreserve*
(auch Reservage genannt)

In der historischen Technik der Reservage in Indien wurde mit der Hand eine Harz-, Wachs- oder Fettreserve auf den Stoff aufgebracht. Sie musste nach der Küpnefärbung dann durch kräftiges Auskochen wieder entfernt werden. Im nächsten Entwicklungsschritt schnitzte man dann kleine Muster in ein Stückholz, auf die man Harz oder Tonerde (Kaolin – daher auch die Bezeichnung *Porzellandruck*) aufbrachte und druckte das Muster stempelartig auf den Stoff. Beide Verfahren waren jedoch für die weitere technische Entwicklung nicht geeignet. In beiden Fällen konnten die Muster nicht gleichmäßig genug auf den Stoff aufgetragen werden.

Die erste bekannte Rezeptur soll der bereits genannte Flame Pieter Coerke von Aelst aus dem Orient mitgebracht haben.

1768 (neue Auflage 1771) erschien in Karlsruhe eine Schrift mit dem Titel „Vollständige Entdeckung des bisher so sehr geheimgehaltenen Cotton- oder Indiennen-Drucks...", in der folgende Rezeptur enthalten ist (Ausgabe 1771):

Num. 37.

*Ich will hier noch einen weissen Papp zu dem Porcellaindruck so-
wohl, als zu der Bedeckung der schönen Blumen und Zierrathen in
den Indiennendruck beschreiben:*

Man nehme folgende Stücke:

8 Loth von feinem Cöllnischen Leim.

10 Pfund zart zerstossenen Gummi.

2 Pfund gestossenes Ammelmehl.

1 Pfund gelbes Wachs.

1 Pfund weißes ausgelassenes Rinds-Unschlitt.
6 Pfund weiss Cöllnische Tabackspfeifen-Erde, welche vorher
geschlämmt ist.
4 Pfund gestossenen Alaun.
1 Pfund salzburger Vitriol, und
1 Schoppen Terpentinöl.
Dieses sind die Ingredienzen zu diesem sehr nützlichen
Zusammensatz. (...)
(*Ammelmehl* = Stärkemehl; *salzburger Vitriol* = Eisen(II)sulfat;
Cöllnische Tabackspfeifen-Erde = Kaolin, für Tonpfeifen; *Rinds-
Unschlitt* = Talg; *Alaun* = Kalium-Aluminium-Sulfat)

Versucht man mit dem chemischen Wissen unserer Zeit den Bestandteilen dieses geheimnisvoll anmutenden Gemisches spezielle
Funktionen zuzuweisen, so ist folgende Einteilung möglich:

1. in Wasser unlösliche Substanzen, die bei der Küpenfärbung als
mechanisches Schutzmittel wirken: *Tabakspfeiffenerde,*
2. Verdickungsmittel (Stärkemehl, Leim, Wachs, Gummi
arabicum)
3. Fette, welche die Masse geschmeidiger machen (Talg, Terpentinöl)
4. anorganische Bestandteile mit unterschiedlichen, nicht immer
ersichtlichen Funktionen (hier wasserlösliches Alaun und Eisenvitriol, das letztere auch als Reduktionsmittel des Indigos)

Der Blaudruck im „Magazin für Färber, Zeugdrucker und Bleicher" des Chemikers Hermbstaedt 1803

Sigismund Friedrich HERMBSTÄDT (1760-1835) hatte an der Universität Erfurt Pharmazie und Chemie studiert, arbeitete einige Jahre in der Hamburger Ratsapotheke bevor er sich 1784 als Apotheker in Berlin niederließ. 1791 wurde er o. Professor für Chemie und Pharmazie am Collegium Medico-Chirurgicum und übernahm die Leitung der Königlichen Hofapotheke. 1809 berief man ihn als o. Professor für Chemie und Technologie an die neugegründete Universität Berlin. Zu seinem zahlreichen Ämtern gehörten die Tätigkeit als Assessor beim Königlichen Manufaktur- und Kommerzkollegium, als Mitglied der Salzadministration, als Beisitzer der Technischen Deputation für Handel und Gewerbe und 1798 als Generalstabsapotheker der preußischen Armee. Von ihm stammen Werke wie „Grundriß der Färbekunst..." (1802), „Allgemeine Grundsätze der Bleichkunst..." (1804), Anleitung zu der Kunst wollene, seidene, baumwollene und leinene Zeuge echt und dauerhaft selbst zu färben... (1815) und als Herausgeber „Magazin für Färber, Zeugdrucker und Bleicher..." (1802-1820).

Im 2. Band des Magazins (1803) veröffentlichte Hermbstädt einen Beitrag von
Samuel Bruchmann, Kattunfabrikant und Färberei-Eigenthtümer zu Liegnitz in Schlesien
unter dem Titel
Erfahrungen und Beobachtungen über den blauen und weißen Druck auf leinene und baumwollene Zeuge, auch Wachsdruck oder Porzellandruck genannt.

(Der Text umfasst sowohl die Geschichte als auch zahlreiche Details zum *Papp* und soll daher an dieser Stelle vollständig zitiert werden.)

„Die Kunst *Blau* und *Weiß* auf *Leinen* und *Baumwolle* zu drucken, oder Blumen und Muster auf leinene und baumwollene Zeuge zu bringen, ist unstreitig eine der ältesten Arten von Druckerei; sie wurde in älteren Zeiten von den Leinenfärbern mit betrieben, und war unter dem Namen des Wachsdrucks bekannt. Die Muster, deren man sich damals bediente, bestanden blos in einzelnen Blumen, die aus freier Hand ohne sonderliche Ordnung auf die Waaren gedruckt wurden, und dabei äußerst stark und plump geschnitten waren. Ich habe solche Arbeit vom 17ten Jahrhundert gesehen, wo die Zeichnung und Umrisse der Blumen und Blätter fast einen halben Zoll betrugen; auch herrschte damals unter dem Landvolk der Geschmack, biblische Geschichten und dergleichen auf die Zeuge oder Leinwand sich drucken zu lassen, und solche Muster waren mehrentheils zu Ueberzügen der Betten und Gardinen bestimmt. Als ein allgemein beliebtes Muster hatte man zwei Männer, die eine Weintraube trugen, mit der Ueberschrift: Josua Caleb; die Stadt Jerichow, und dergleichen Gegenstände mehr wurden auf diese Weise benutzt, zierlich geschnitten und bearbeitet. Zu bewundern ist es aber doch, daß man selbst in verschiedenen Gegenden von Deutschland an solcher Arbeit bis heute Geschmack findet.

Blaudruckmodel „Josua und Caleb" 17. Jh.

Bei der damaligen Verfahrungsart konnten aber auch keine andere als stark geschnittene Formen gedruckt werden; denn der Aufdruck (*Papp*, nach der gewöhnlichen Färbersprache) aus Wachs, Harz und Terpenthin und ähnlichen harzigten Körpern, wozu nun noch Bleiweis, Kreide oder Thon gemischt wurde, erlaubet nicht den Gebrauch feinerer Muster und Formen. Die gedruckte Waare wurde dann in einer warmen Blauküpe, so wie solche von den Färbern zur Färbung der Garne geführt wird, blau gefärbt, wobei denn die Farbe oder Brühe mehrentheils nur lauwarm gehalten wurde, um den Aufdruck nicht fließen zu lassen. Mit der größten Mühe mußte dann dieser wieder herunter gewaschen werden, und die Zeichnung erschien nun weiß und ungefärbt.

In dieser Verfassung stand diese Art der Druckerei noch gegen die Mitte des vorigen Jahrhunderts, wo sie durch die Erfindung des Indigos kalt zu behandeln und damit zu färben, bald eine ganz andere Gestalt erhielt, und sich ihrer Vollkommenheit, durch Verbesserungen und einen immer mehr sich bildenden Geschmack, immer mehr näherte.

Diese Methode den Indigo kalt aufzulösen und zu behandeln, blieb sehr lange ein Heiligthum und Geheimniß der Färber untereinander selbst, die Vorschrift hiezu war nur durch Mühe und Geld-Aufopferung zu erhalten, und galt damals für die wichtigste Kunst des Leinenfärbers.

Man schreibt die Ehre der Erfindung der kalten Indogo-Auflösung einem Färber in Stralsund zu, vermuthlich leitete ihn der Zufalle auf diesen Weg, denn diesem hat überhaupt die Färberei viel zu verdanken.

Jene oben beschriebene Art von Wachsdruck sowohl, als das Färben aus warmen Farben, ist nun gegenwärtig nicht mehr die gewöhnlichste; hingegen finden sich doch noch Gegenden, besonders im Königreich Preußen, wo die gedruckte Waare noch aus warmen Farben gefärbt wird. Ich kann mir keine Gründe angeben, warum man bei dieser so wenig vortheilhaften Methode beharret, und nicht schon längst den weit bequemern und vortheilhaftern Gebrauch der kalten Küpe jener warmen durchgängig vorgezogen hat; doch auch hierin hemmet Gewohnheit und Vorurtheil nützliche Fortschritte. Auch in den Rheingegenden fand ich diese alte Gewohnheit noch, ungeachtet ich auch daselbst so manches Schöne und mir Unbekannte fand.

Auch unter dem Namen des Porzallendrucks ist in verschiedenen Gegenden dieser Blaudruck bekannt, und vermuthlich erhielt er seinen Namen von der Aehnlichkeit des ehemaligen alten blau und weißen Porzellains. In Schlesien und der Ober-Lausitz wird er gemeiniglich mit dem Namen des Laubanschen Druckes bezeichnet, und dieser daher, weil in Lauban [Niederschlesien, heute Polen, Euroregion Neiße] die ersten kalten Küpen zum Druck angewendet wurden. Auch hat sich diese Druckerei viele Jahre hindurch als die einzige in dasiger Gegend vorzüglich durch moderne Muster und schöne Arbeit ausgezeichnet. Nach dieser entstand in Libau bei Landshut die erste bedeutende Druckerei in Schlesien, und auch diese zeichnet sich in verschiedener Hinsicht zu ihrem Vortheil aus.

Ich komme nun von der Geschichte des Druckes zu der eigentlichen Bearbeitung desselben zurück.

Die vorzüglichsten Schönheiten beim blauen Druck sind:
1) ein schönes und reines Weiß der Blumen und Zeichnungen;
2) ein dauerhaftes und festes Dunkelblau als Grundfarbe. Ersteres, als die vorzüglichste Eigenschaft, kann man nur allein durch einen guten und festen Aufdruck oder Papp, durch gut ausgeschärfte Küpen, und durch eine gute Behandlung nach dem Färben, nämlich beim Reinmachen, so wie durch Waschen und Stärken erhalten. Hiebei jede dieser angeführten Behandlunsgarten mit möglichster Genauigkeit ausgeführt werden, wenn sie das ihrige zur Verschönerung beitragen soll.

Der Unterschied zwischen dem blauen und weißen Druck, und dem eigentlichen bunten Kattun-Druck bestehet darin, daß beim ersten der Aufdruck oder Papp nur den Faden des Zeuges bedeckt, hingegen beim bunten Druck die Kouleuren [Farbstoffe] in das Innere des Fadens hineingebracht werden müssen, was hauptsächlic durch die mehr flüssige Farbe, und durch das stärkere Aufschlagen erlangt wird. Hier hingegen findet es nicht statt, und würde der Schönheit des Druckes sehr nachtheilig seyn.

Die erste Hauptsache ist also diese, daß hiezu Ingredienzien oder Materien gewählet werden, die, wenn sie zusammengesetzt sind, sich im Drucken gut arbeiten lassen, dann aber wieder im trockenen Zustande das Eindringen der Farbbrühe während des Färbens verhindern, und sich auch im Färben nicht auflösen.

Die erste und nothwendigste Substanz ist der feine *Thon* oder die *Pfeifen-Erde*. Man bedient sich auch statt dieser des *Bleiweisses* und der *Kreide*: allein ersteres trägt zwar zu einem feinen und schönen Aufdruck vieles bei, ist aber zu theuer und kostbar; und die Kreide verursacht mehr Mühe und Arbeit, ehe sie sich gehörig bearbeiten läßt; die Pfeifen-Erde hingegen, wenn sie nur nicht sandig ist, verschaft noch mehrere Vortheile; sie ist wohlfeiler, und man kann bei guter Behandlung einen eben so feinen Aufdruck erhalten; auch scheint sie mir wegen der Thonerde, welche einen natürlichen Bestandtheil des Thones ausmacht, noch zweckmäßiger hierbei als die Kreide zu seyn.

Man bedient sich noch eines zweiten Materials hiezu, und dieses ist das arabische oder Senegalgummi, das, wenn es aufgelöst, und mit dem Thon verbunden wird im trockenen Zusatnde einen festen Kitt bildet; man wählt das Gummi auch aus dem Grunde, weil es sich, vermöge seiner Eigenschaften, feiner und besser damit arbeiten läßt, sich auch der Aufdruck nach dem Färben besser abwaschen läßt, als bei der ehemaligen Art, wo Wachs und Harz dabei angewendet wurden. Bei der gegenwärtigen Theuerung auch dieses Materials, mußte man auf Ersparung denken, und man kann mit dem größten Vortheil die Stärke als das beste Surrogat anwenden. Aber sehr Wenige wissen und geniessen diesen Vortheil, sie bleiben vielmehr bei ihrem alten Gebrauch des Gummi stehen.

Das dritte Material hiezu ist der *Grünspan*. Es hat noch nicht vollkommen gelingen wollen, ein Surrogat zu finden, was uns dessen Gebrauch bei dem Papp oder Aufdruck ganz entbehrlich machte; das *schwefelsaure Kupfer* (der *Blaustein* oder cyprische Vitriol) würde vermöge seiner Kupfertheile die Stelle desselben vertreten, aber es fehlt ihm ein Körper, der sich mit dem Thon eben so genau verbindet, den Aufdruck nicht wässrigt macht, und dabei zu dessen Festigkeit beitrüge, wie der Grünspan, der beide Vortheile besitzt. Durch ihn gewinnt der Papp sehr viel an Festigkeit, und das Weiße der Blumen an Schönheit; doch aber ist man hierin schon so weit. Daß man sehr beträchtliche Ersparung hierbei macht, wenn man sich des *schwefelsauren Kupfers* oder *Blausteins* in Verbindung mit *Alaun* dabei bedient; nur kömmt es auf eine eigene Behandlungsart bei der Verfertigung des Aufdruckes an. Ich betrachte deb Grünspan, so wie das *schwefelsaure Kupfer*, den *Blaustein*, und *Alaun*, nicht allein als Bindemittel, sondern finden ihn auch ganz dabei nothwendig, und zwar aus dem Grunde; weil hier gedruckte Waare in einer Brühe gefärbt wird, die schon völlig zum Färben geschickt, und mit Säuren und Salzen geschwängert ist, mithin auch zu dieser Masse solche Ingredienzien gewählet werden müssen, die sowohl jenen Salzen als auch dem Grundstoff der Farbe entgegen wirken, und am besten eine geschwinde Auflösung verhindern; unter diese entgegen gesetzten Dinge lassen sich auch die *Essigsäure* und andere vegetabilische Säuren zählen.

Noch gehören als dazu nöthige Dinge hieher, das Unschlitt oder Schweinefett, was nun bald in mehrerer oder weniger Quantität gebraucht wird, je nachdem man Gummi oder ein ähnliches Surrogat wählt. Auch des Weinsteins kann man sich dabei mit Vortheil bedienen. Alle fetten Sachen haben ihren doppelten Nutzen dabei, weil der Papp dadurch besser von den Formen weicht, und auch weil solche gegen das Eindringen der Farben sichern.

Man liest oft mit Erstaunen, welche Mühe und welche Menge von Ingredienzien ehemals zu einem solchen Aufdruck verwendet wurden; und vorzüglich habe ich zu meiner Verwunderung die sonderbarsten Vorschriften von sonst geschickten Fabrikanten gesehen. Vielleicht ist es hier am rechten Orte eine solche Vorschrift aufzustellen, und eines von den leichtesten und wohlfeilsten bessern Mitteln dagegen zu setzen.

[Es folgt mit Bezug auf die bereits zitierte Schrift zum *völlig entdeckter Kattun- oder Indiennen-Druck*, Karlsruhe von 1768 – s. im Kap. „Zur Chemie der Druck- oder Pappreserve", hier jedoch mit der Jahreszahl 1800; die Vorschriften zum einem Papp stimmen jedoch überein.]

(...)

Wenn man nun diese Ingredienzien, besonders nach dem hohen Preise des Gummi berechnet, so kommt man nach einem nach immer niedrigen Anschlage die Summa von 10 Rthl. heraus, die im Verhältniß mit der wirklichen Quantität äuserst hoch ist, da man hiervon im Ganzen nur 12 Maaß Druck rechnen kann.

Ich setze nun als beweis, wie weit man schon hierin vorgerückt ist, eine andere Vorschrift dagegen, deren Nuzen und Gebrauch jedem zu empfehlen ist.

Auf 6 Maas Wasser oder Essig nehme man:

1 ½ bis 2 Pfund Alaun,

2 Pfund schwefelsaures Kupfer, (Blaustein oder cyprischen Vitriol),

¾ bis 1 Pfund Gummi,

so viel gestoßenen Thon, bis die Masse zu einer gehörigen Konsistenz verdickt ist,

1½ bis 2 Pfund Fett oder Talg,

2 Pfund Stärke.

Diese Masse ist nun schon wie sie hier ist zu gebrauchen, besonders wenn die Waare in doppelten Reifen gefärbt wird, wo sie vorzüglich während des Färbens behutsam behandelt werden kann. Will man sich aber dennoch des Grünspans dabei bedienen, so stoße man ihn trocken und siebe ihn, um alles möglich zu entfernen, was etwa den Druck unrein machen könnte. Man löse ihn dann in Essig auf, und rühre denselben erst hinzu, wenn man drucken will; doch schadet es auch nicht, wenn man die beliebige Quantität auf einmal hinzu thut, wenn der Druck kalt geworden ist: auf oben angegebene Portionen ist ein halbes Pfund hinlänglich. Auf jeden Fall wird der Druck dadurch fester gemacht; allein es wäre Ueberfluß, wenn man sich dessen in Menge dabei bedienen wollte, weil der Druck nur theurer dadurch gemacht wird.

Ich bemerke nun noch beim Drucken selbst nur dieses, daß der Drucker hiebei darauf zu sehen hat, daß der Aufdruck weder zu dünne noch zu dicke ist, weil im erstern Fall der Aufdruck sich zu sehr in das Zeug hineinziehen, und es leicht durchfärben würde; im zweiten Fall aber würde sich die Masse trennen, und die Blumen oder das Weiße dennoch unrein erscheinen, wenn auch wirklich der Druck von der besten Art wäre.

Präparirt man die Waare vor dem Drucke noch durch eine Auskochung in Kali- oder Pottaschlauge, so fällt sie im Färben noch einmal so schön an, und man erhält einen egal blauen Boden. Um sie besser arbeiten zu können, ist es gut, wenn man sie nach dem Auskochen und Spülen durch eine dünne Stärke zieht; es trägt sehr viel zu einem schönen Weiß bei, denn der Aufdruck wird dadurch gleichsam gehindert, sich zu sehr in die Waare zu ziehen und zu zertheilen.

Verschiedene Drucker legen die zum Blaudruck bestimmte Waare in ein Wasser, worin *blauer* oder *weisser Vitriol* aufgelöset ist, oder werfen etwas von diesen nach dem Auskochen in die Stärke. Ich finde diese Behandlung ganz und gar nicht zweckmäßig. Erstens fällt zwar die Farbe geschwinder auf die Waare an, allein sie ist auch dann, vermöge der *Kupfertheile* des *Blausteines*, weit weniger haltbar, und die Schönheit der blauen Farbe geht verloren. Zweitens leidet auch die Waare selbst darunter, und es werden nicht mehr Prozente dabei gewonnen. Ist nur die Küpe gehörig scharf, und sind Kalk und Vitriol nach der Güte des Indigos berechnet worden, so wird nicht allein ein dauerhaftes und schönes Blau, sondern auch der mehrste Nutzen dabei gewonnen werden.

Beim Reinmachen nach dem Färben muß vorzüglich darauf gesehen werden, daß man ein schönes Weiß behält, welches auch hier wieder verdorben werden kann, besonders wenn die Waare in Gefäßen, und nicht in fließendem Wasser gespült oder gewaschen werden muß. Läßt man die Waare vorher trocken werden, ehe man sie rein macht, so trägt dieses schon sehr viel zu Schönheit bei, der Aufdruck geht leichter ab, und der blaue Boden verliert weniger, als wenn man sie bald aus der Küpe rein machen und waschen wollte; der letzte Zug geht mehrentheils dabei verloren. Soll die Waare gestärkt werden, so muß man vorzüglich darauf sehen, daß die Stärke nicht dicke, noch zu heiß ist: durch die Hitze wird die Stärke geschwinde blau, und das Weiße schmutzig, und durch die dicke Stärke verliert das schöne Ansehn des blauen Bodens.

Am besten ist es, man bedient sich beim Reinmachen des Sauerwassers, aus Schwefelsäure oder Vitriolöl und Wasser gemengt; sollte der Druck beim kalten Gebrauch desselben sich nicht ganz trennen, so darf das Wasser nur etwa warm gemacht werden, und die Waare einige Stunden darin liegen, so erfolgt dieses bald. Wo der Druck fabrikenmäßig betrieben wird, weiß man sich dieses Mittels sehr zweckmäßig zu bedienen, weil man ganze Parthien auf einmal rein macht. Noch giebt es Druckereien, wo man seine Zuflucht zum Bläuen nimmt; aber hiedurch verliert nicht nur der blaue Grund sehr viel, sondern die ganze Waare wird auch dadurch unansehnlich gemacht.

Anmerkungen – aus der Sicht eines Chemikers
Der Aufsatz von BRUCHMANN, der 1807 eine weitere Arbeit zum Färben mit der Ortsangabe *Magdeburg* veröffentlichte, vermittelt sehr anschaulich die Praxis der der Herstellung und Zusammensetzung von Papp und dessem Verwendung beim Blaudruck.
Die von BRUCHMANN verwendeten Bezeichnungen *warme* und *kalte Küpe* enthalten folgende Substanzen mit unterschiedlichen chemischen Vorgängen:
Die *warme Küpe* ist eine *Urinküpe*, die sowohl natürlicherweise Ammoniak als auch den Zusatz von Pottasche (Kaliumcarbonat) aufweist. Sie besteht aus gärungsfähigen (sauerstoffzehrenden) Susbatnzen und ermöglicht (wohl auch mithilfe des Harnstoffs) eine Reduktion von Indigo bei höheren Temperaturen. Die Reduktionszeit wird jedoch z. T. mit mehreren Tagen angegeben.
Die *kalte Küpe*, die traditionell auch heute noch Verwendung findet, besteht aus Eisenvitriol (Eisen(II)sulfat) und gebranntem Kalk bzw. Kalkwasser oder Kalkmilch. Hier erfolgt offensichtlich eine raschere Reduktion des Indigos durch Eisen(II)-Ionen auch bei Raumtemperatur – über die Verwendung der *kalten Küpe* s. im folgenden zitierten Beitrag von Nepomuk Pilat (1839).

Die *Kupfersalze* im Papp könnten zwei unterschiedliche Funktionen erfüllen: Einerseits erfolgt in der basischen Küpe eine Ausfällung basischer, schwer löslicher Kupferverbindungen in Form einer Schutzschicht auf dem Papp, andererseits könnten Kupfer(II)-Ionen auch zur Reduktion des Indigos zur Verfügung stehen.

Die Funktionen der übrigen Bestandteile des Papps wurden bereits direkt vor der zitierten Veröffentlichung genannt.

———

Im „Magazin für die Druck-, Färbe- und Bleichkunst und den damit verbundenen Hülfswissenschaften", herausgegeben von Joh. Gottfried Dingler (Erster Band, Augsburg und Leipzig 1839) berichtete Nepomuk PILAT

Ueber die Aufstellung und Führung

der

Indigküpe zum Dunkelblau für Leinen- und Baumwollengewebe, nebst der Bereitung der hiezu

gehörigen weißen Druckreservage.

Bereitung der Reservage oder Weißpappé
für dunkelblaue Gründe.

12 Loth gestossenen Grünspan reibe man auf einem Reibstein mit etwas Wasser zu einem dicken Brey möglichst zart an.

6 ½ Pfund gestossene Pfeiffen- oder sogenannte Hauerde werden in einem kupfernen Kessel mit

9 Pfund Wasser gleichförmig angerieben und über Nacht stehen gelassen. Den andern Morgen setzt man den mit Wasser angeriebenen Grünspan und

2 Pfund gestossenen blauen Vitriol (schwefelsaures Kupfer) und

8 Loth Unschlitt (Talg) hiezu, bringt das Kesselchen aufs Feuer, und läßt das Ganze unter fleißigem Umrühren bis zum Kochen kommen, worauf man es in ein hölzernes oder ledernes Gefäß gießt. Man setzt nun der noch heißen Masse

2 Pfund gestossenes Senegalgummi zu, und läßt das Ganze einige Stunden lang rühren. Ist solches völlig erkaltet, so setzt man demselben noch

1/8 Loth Vitriolöl hinzu, läßt es noch einige Zeit gut umrühren, über Nacht stehen, und am folgenden Tag durch ein zartes Tuch oder feines Haarsieb treiben, wo es nun zum Drucken geschickt ist.

Sollte die Pappé noch einiger Zeit zu dick werden, dann man sie mit wenigem Wasser, in welchem etwas blaues Kupfervitriol aufgelöst worden, verdünnen.

Wenn sie im Winter, einer strengen Kälte ausgesetzt, sich krystallisiren würde, so stellt man sie auf den Ofen, um sie ein wenig warm werden zu lassen, und rührt sie dann bis zur gehörigen Verkühlung. Man hat überhaupt dafür zu sorgen, daß diese Pappé immer an einem kühlen Orte, z. B. in einem guten Keller, nicht aber an einem kalten Ort aufbewahrt wird.

Die mit dieser Pappe oder Reservage gedruckten Gewebe werden in einem erwärmten Rechen oder Trockenzimmer 24 Stunden lang abgetrocknet, worauf man sie dunkelblau färben kann.

Die Bestandteile *Pfeiffen-Erde* (Tonerde), *Grünspan* (Kupferace-tat), *blaues Vitriol* (Kupfersulfat), *Unschlitt (Talg)*, *Senegalgummi*, *Vitriolöl* (Schwefelsäure) lassen sich den genannten Gruppen ei-nes Papps wir folgt zuordnen:

1. unlöslicher Körper: *Pfeiffen-Erde*
2. Schutzschicht und Oxidationsmittel: Kupfersalze (Die Funktion ist nicht immer ersichtlich; in der alkalischen Küpe bilden sich jedoch unlösliche basische Kupferverbindungen, so dass nur ein geringer Anteil oxidierend wirken könnte und die Funktion einer Schutzschicht überwiegt.)
3. Verdickungsmittel: *Senegalgummi*
4. Fett, um die Masse geschmeidiger zu machen: *Unschlitt*

Küpe bedeutet übrigen ursprünglich Kufe in Sinne von Fass oder Bottich – hier wird in der Fachsprache der Färber Küpe für die Indigo-Farbflotte (das Färbebad) gebraucht.

Anstellung der Indigküpe für Dunkelblau.
Für diese Küpe sind erforderlich:
8 Pfund Indig,
24 - kupferfreier Eisenvitril (schwefelsaures Eisen)
*32 - frisch gebrannter Kalk *)*
Der Indig wird unter den bekannten Handgriffen, nämlich in einer Reibschale mit Kugeln u. s. w. mit Wasser möglichst fein zer-rieben.

Den Eisenvitriol löst man in 25 Maas heißen Wassers auf, setzt denselben dem Indig hinzu, rührt es gut untereinander. Für diesen Ansatz hält man sich einen großen, mit einem Deckel verse-henen Kübel oder Zuber.

*) Mehreren Erfahrungen zufolge besteht das beste Verhältniß in gleichen Theilen von Vitriol und Kalk. In den kalten Küpen werden auf einen Theil Indig vier Theile Eisenvitriol und vier Theile Kalk genommen.

Dingler.

Der Kalk wird nun mit 36 Maas Wasser in einem andern Kübel abgelöscht, und der mit dem angeriebenen Indig vermengten Eisenvitriolauflösung noch warm beigemischt- Man deckt das Gefäß zu, läßt es eine Stunde stehen, rühret hierauf diesen Indig nochmals gut untereinander, und schüttet solchen nun in die mit warmem Wasser angefüllte Küpe; die Küpe wird sodann wohl umgerührt und einige Stunden gut bedeckt stehen gelassen, worauf man sie nochmals recht aufrührt, und nun über Nacht ruhen läßt; so ist sie zum Färben geschickt. **)

**) Es ist gut, auch die Flüßigkeit, welche ausgefärbt ist und früher schon als Küpe gedient hat, zu erwärmen, wenn solche statt Wassers angewendet wird. Dieß läßt sich am besten durch heiße Wasserdämpfe, die von einem zureichend großen Dampfapparat in die Küpe geleitet werden, erzwecken.

Dingler.

Zu dieser Küpe, so wie zu jeder Blauküpe, hält man sich eine sogenannte Beiküpe, um den Abgang der großen Küpe, sowohl an Flüßigkeit als an Verminderung des Indigs, zu ersetzen. Diese Küpe ist von einem kleinen Maasstabe, und richtet sich nach der Menge von Küpen, aus denen man die Färbung färbt; so wie nach der Zahl der zu färbenden Stücke.

Gewöhnlich nimmt man an, daß ein Stück Cotton von 37 bis 38 brab. Ellen drey bis vierthalb Pfund Flüßigkeit während des Färbens einfange und der Küpe 6 bis 8 Loth Indig entziehe, um dunkelblau zu werden. Nach diesem Maasstabe richtet sich nun die Stärke des Ansatzes der Beiküpe. Auch setzt man diese Beiküpe nie auf eine längere Zeit als höchstens für 5 bis 6 Tage an.

Führt man nur Eine Küpe, aus der man täglich 4 Stücke dunkelblau färbt, so geschieht der Ansatz der Beiküpe auf folgende Art:

72 Pfund Wasser,

6 - Indig,

18 - Eisenvitriol, und

24 - Kalk.

Diese Ansatz ist für 6 Tage, jeder Tag zu vier Stücken zu färben, gerechnet, wo demnach auf das Stück drey Pfund Wasser, 8 Loth Indig, 24 Loth Vitriol und 32 Loth Kalk in Anschlag kommen.

Der Zusatz oder das Zuspeisen aus der Beiküpe geschieht am Abend, wenn die Stücke den Tag über vorher daraus gebläut worden sind. Die großeKüpe wird dann jedesmal nach dem Zuspeisen kräftig aufgerührt und bis zum andern Morgen in Ruhe gelassen.

Auf diese Art führt man die Küpe so lange fort, bis sie 20 bis 24 Pfund, mit Einschluß der ersten 3 Pfunde, durch Zuspeisen erhalten hat, wo sodann kein neues Zuspeisen aus der Beiküpe mehr statt findet. Es werden hierauf noch 6 bis 8 Stücke ohne einen Zusatz aus derselben gefärbt. Da jetzt noch nicht aller in der Küpe befindliche Indig hinlänglich ausgezogen, die Flüßigkeit aber nicht mehr stark genug ist, um ein Stück in gehöriger Zeit ohne Nachtheil des Weißpapps dunkelblau zu färben, so schärft man sie mit 9 Pfund Vitriol und 12 Pfund Kalk auf, und benützt diese Küpe jetzt zum Anfärben, indem man den Zeugen aus ihr eine oder zwey Züge, nemlich 10 Minuten zum Anfärben und 5 Minuten zum Vergrünen, giebt, und dann in einer andern frischen Küpe das Stück vollends ausblauet. Auf diese Art färbt man so lange aus der Küpe, bis sie vom Indig möglichst erschöpft ist.

Die ausgefärbte Küpe wird nun so viel möglich vom Satze befreyt, die abgegangene Flüssigkeit mit Wasser ersetzt, und mit den bereits erwähnten Quantitätem von Indig, Vitriol und Kalk aufs neue angesetzt.

Dem aus der Küpe genommenen Satz kann man, um den ihm noch anhängenden Indig herauszulaugen, noch in einem besondern Gefäße mit heißem Wasser übergießen, und die Flüssigkeit der größern Küpe statt Wassers beisetzen.

———————

Rezeptur für *Pappreserve* aus Eberhard Prinz, Färberpflanzen. Anleitung zum Färben – Verwendung in Kultur und Medizin (2. Aufl. 2014, Schweizerbart):
200 g Pfeifenton werden mit 280 g Gummi arabicum (1:1 mit Wasser verdünnt) eingeweicht und je 50 g Kupfervitriol und Kupferacetat sowie 25 g Kupfernitrat werden hinzugefügt.

Die Arbeitsschritte des Blaudrucks

Die Arbeiten des Blaudruckers beginnen mit dem *Waschen des Stoffes*. In den Blütezeiten des Blaudrucks stellten sie das Leinen aus Flachs selbst her, später wurde auch importierte Baumwolle verwendet. Heute können auch noch andere Gewebe wie Batist oder Barchent (Baumwollflanell) bzw. Halbleinen verwendet werden.

Nach dem Waschen wird die ausgewählte Stoff *gemangelt*, d.h. geglättet. Die früheren Kastenmangeln, in denen der Stoff auf Rundhölzer gewickelt unter einem mit Steinen beschwerten Kasten hin und her gerollt wurde, ersetzte man durch moderne Walzenmangeln ersetzt. Der Stoff wird durchgezogen, während die Walzen aneinander gedrückt werden.

Historische Wäschemangel

Originalbildunterschriften:
Oben: *Im Chassis wird der Papp auf den Model genommen.*
Unten: *Abschlagen des Models, durch Passierstifte an den Modelecken wird der genaue Druck des Musters erleichtert.*
(Aus: Bezirksmuseum Cottbus, Schloß Brantz 1983)

Im dritten Arbeitsschritt erfolgt dann das *Aufdrucken des Musters*, wozu die verschiedensten Modeln eingesetzt werden. Außerdem ist ein sogenannter *Drucktisch* und *Papp* erforderlich. Der Papp befindet sich in einem *Chassis*, eine Art von Stempelkissen, das sich neben dem Drucktisch befindet. Der Stoff wird auf dem Drucktisch aufgespannt. Der Model wird mit dem Papp eingestrichen, auf den Stoff gesetzt und mit der Faust oder mit einem Hammer festgeklopft. Das Muster muss hierbei möglichst gleichmäßig auf den Stoff übertragen werden. Die Ausführung des Reservedrucks wird entscheidend von der Zusammensetzung des Papps, aber auch vom Temperament des Druckers (beim Auftragen) sowie Temperatur, Luftfeuchtigkeit und der Viskosität und den damit verbundenen Veränderungen beeinflusst. Dadurch ist diese Technik auch als eine handwerkliche Arbeit charakterisiert. Der Druckvorgang wird wiederholt, bis der Stoff wunschgemäß vollständig bedruckt ist. Dann wird der Model gereinigt, um ein Verkleben zu verhindern.

Im vierten Arbeitsschritt werden die bedruckten Stoffe in einen *Stern*, ein spinnenartiges Gestell, so zum *Trocknen des Papps* aufgehängt, dass sie nicht aneinanderschlagen können.

Trocknung und Härtung des Reservepapps in der Darre
(Aus: Bezirksmuseum Cottbus, Blaudruck 1983 – s. vorige Abb.)

Erst im fünften Arbeitsschritt erfolgt das eigentliche *Blaufärben* – in einer *Küpe*, die sich in einem Bottich befindet. Dafür verwendete Bottiche können zwischen 1,5 bis 2,5 m tief sein – mit Volumina von 15 bis über 3000 Liter. Die Küpe erscheit gelb bis grünlich. Je nach gewünschter Farbintensität sind auch mehrere Tauchvorgänge erforderlich. Der Stern mit den daran aufgehängten Tuchen wird dazu in die Küpe getaucht.
Ist der Färbevorgang abgeschlossen, muss der Papp in einem sechsten Arbeitsschritt wieder ausgewaschen werden, wozu der Stoff in lauwarme verdünnte Schwefelsäure oder Essigsäure ge-

taucht wird. Mit einer Bürste wird der Papp entfernt; die Säuren verhindern ein Eindringen des Indigos in die weißen Stellen des Stoffs.

Im siebenten Arbeitsschritt wird der Stoff nochmals gewaschen und im achten Arbeitsschritt wird er zum Trocknen und zur Oxidation des aufgezogenen Küpenfarbstoffes Indigweiß zum Indigoblau, womit des sprichwörtliche *blaue Wunder* vollendet ist. Abschließen wird der Stoff nur noch geglättet, wozu die abgebildete Mangel wieder Verwendung findet.

In der Broschüre, aus der die oben gezeigten Abbildungen stammen, ist unter der Überschrift „Traditioneller Blaudruck für Gegenwart und Zukunft" (1983 zur Sonderausstellung im Schloss Branitz) von Jürgen Heinrich zu lesen – über die Werkstatt von Wolfgang Nötzold, als *hiesiger Meister des Blaudrucks* bezeichnet: *„Dicht am Markt der Hoyerswerder Altstadt findet nur der Eingeweihte eine Blaudruckwerkstatt. Im kaum noch bewohnten Viertel, wo Denkmalpfleger den ökonomisch orintierten Stadtplanern Zeugnisse der Jahrhunderte abtrotzen, wo aus entkernten Hinterhöfen Fachwerke und feste Feldstein-Grundmauern zutage treten, ist mitunter das Plätschern großer Wassermengen oder das Brummen der Waschmaschinen zu vernehmen. Tritt man durchs uralte Holztor in die Hausdurchfahrt, fallen in den angrenzenden Räumen Färbereiutensilien auf. Ein Betrieb aus dem vergangenen Jahrhundert vielleicht, der jetzt rekonstruiert wird, mag man annehmen. Doch da trügt nur dervon der baulichen Hülle geprägte Schein. Diese Blaudruckwerkstatt ist eigentlich immer noch im Entstehen, hat nicht einmal nachweisliche Vorläufer in der näheren nachbarschaft. Erst 1968 kam aus diesem Haus in der Spremberger Straße der erste*

„echte" Blaudruck, der, wie es Qualitätspaß heißt, der dem Käufer mitgegeben wird, „nach jahrhundertealten Rezepten im historischen Verfahren hergestellt wurde". Indessen: Kein Zweifel besteht daran, daß eine Hoyerswerdaer Blaudruckwerkstatt vor zwei- oder dreihundert Jahren hier gearbeitet haben k ö n n t e, denn dieser Reservedruck war weit verbreitet für die Gestaltung der Kleidung einfacher Menschen, denen ihres niedrigen Standes wegen das Tragen von Spitze zum Beispiel versagt war. Kunstvolle Ornamente in weißen Pünktchen und Strichelchen auf tiefblauem Grund waren Ersatz und genügen noch heutigem Schönheitssinn.

Eine ausführliche Beschreibung des Blaudrucks heute vermittelt die Webseite www.blaudruckerei-folprecht.de, woraus noch einige ergänzende Details vermittelt bzw. zitiert werden sollen:
In Schritten erfährt man, dass auf eine ca. 10 m lange Stoffbahn (Baumwolle, Leinen oder Batist, auch Seide) gedruckt wird. Mit Bleistift werden Hilfslinien auf dem Stoff vorgezeichnet.
Nun wird Druckpapp in den Pappkasten gegeben, der aus einem äußeren Kasten und zwei Holrahmen besteht, „von denen einer mit einer Folie und der andere mit Tuch bespannt ist. Im äußeren Kasten ist Tapetenkleister, auf dem der Folienrahmen schwimmt. In diesem wiederum liegt der Rahmen mit der Stoffbespannung, in dem der Papp gleichmäßig verteilt ist. Durch den Tapetenkleister wird eine besonders gute Federung dieses ‚Stempelkissens' erreicht."
Die Texte zu den in jeweils einem Foto dargestellten Arbeitsschritte enthalten auch Angaben auf den Erfahrungen – so beispielsweise: „Das Aufnehmen des Druckpapps (Abdeckmasse), der im Pappkasten (dieser ist mit einem Stempelkissen vergeichbar)

breit ausgestrichen ist, erfordert schon einige Erfahrung. Jeder Abdruck soll gleichmäßig intensiv erscheinen...“

Als Bestandteile des Papps werden angegeben: „Wasser, Kaolin, Gummiarabicum, Kupfersulfat, Rüböl u.a.“

Und als Eigenschaften eines guten Blaudruckpapps werden genannt:

„wasserunlöslich (ist für das nachfolgende Färben mit Indigo unerlässlich) – dickflüssig (dringt gut in den Stoff ein, verläuft aber nicht) – deckt das Muster beim Färben gut ab – löst sich restlos aus dem Gewebe in einem Wasserbad mit 1 % Schwefelsäureanteil.“

Auch der Prozess des Färbens wird verständlich beschrieben:

„Zum Färben muss man das Indigo in eine wasserlösliche Form umwandeln. Das geschieht durch die Reduktion des Indigos mit Natriumhydro(gen)sulfit. Diese Umwandlung heißt Verküpung. Je nach Bedarf wird eine Stammküpe mit Indigofarbstoff, Hydro(gen)sulfit und Natronlauge in konzentrierter Form angesetzt, damit man davon dann im Laufe der Zeit dem großen Färbebad, der Färbeflotte, kleine Mengen zusetzen kann, um den Konzentrationsverlust auszugleichen. Vor dem Färben beginnt das Probieren mit kleinen Färbeproben, um ein gutes Färbeergebnis zu garantieren.

Erst wenn diese einwandfrei sind, kann man eine bedruckte Bahn zum Färben an den Färbestern hängen. Der Stoff wird gleichmäßig an den Sternreifen gehängt (aufgenadelt). Danach lässt man den Stoff langsam und gleichmäßig in die Färbeflüssigkeit eintauchen. 10 Minuten verbleibt der Stoff in der Flotte und wird dann am Flaschenzug wiederum sehr langsam aus dem Färbebad herausgezogen. Die Oxydation beginnt und lässt den Stoff erst strahlend grün erscheinen, der sich dann in ein grün-blau, dann in hellblau verwandelt. Nach dem 1. Zug ist das am deutlichsten zu sehen. 10 Minuten wiederum muss der Stoff vergrünen, um dann erneut in die Farbe zu tauchen...“

Dieser Vorgang muss sooft wiederholt werden, bis die gewünschte Farbintensität bzw. Farbtiefe erreicht ist. Und nach dem Färben wird dann der Papp, der jetzt kaum noch zu erkennen ist, in genannten Säurebad abgelöst – in mehreren Schritten: zunächst Spülen des gefärbten Stoffes mit reinem Wasser, dann Lösen des Papps im Säurebad und schließlich noch mehrere Spülbäder, bis das Wasser klar ist, und eine Feinwäsche.

(Alle hier beschriebenen Teilschritte werden auf der genannten Webseite mit Fotos illustriert.)

Blaudruck – vom Schnupftuch, Tischdecke, Bettwäsche bis zum Kleiderstoff

In Fortsetzung des im vorigen Kapitel zitierten Textes zur Blaudruckerwerkstatt in Hoyerswerda von Wolfgang NÖTZOLD (1983 – s. auch im Kapitel Museen) ist dort über die Anwendung zu lesen:

Überwiegend fand der Blaudruck Eingang in die Bekleidung der ländlichen Bevölkerung und in den Bereich der Volkstrachten. In den verschiedenen Gegenden gehörte er auch zur Arbeitstracht, z. B. als Schürze, Kopftuch oder Brusttuch, er konnte aber auch Verwendung bei der Gestaltung der Festtracht finden. Auch in vielen Teilen der sorbischen Volkstracht finden wir den Blaudruck als schmückendes Element wieder. So gehört die aus Blaudruck hergestellte Schürze zur Arbeits- aber auch zur Festtracht der Niederlausitzer Sorben. (Dagmar Kruczek)

Nach dem Dreißigjährigen Krieg und vor allem in der ersten Hälfte des 18. Jahrhundert verbreitete sich der Blaudruck in ganz Deutschland. Es entstanden große Kattun-Manufakturen, die alle Techniken der Blaufärberei anwendeten und auch eigene Musterzeichner beschäftigten.

Über die Blaudruckerfamilie Neuhofer in Augsburg wurde bereits berichtet, die schon vor 1700 bedruckte Stoffe nach dem Reserveverfahren herstellte. In Augsburg gab es um 1770 etwa eintausend Drucktische. In Bremen begann um 1690 auch der Färber Martin Wilckens nach der Reservetechnik zu drucken. Er hatte dazu einen holländischen Zeugdrucker angeworben.

Angelika Überrück berichtet in ihrem Buch „Die christlichen Motive des Blaudrucks...", dass trotz mancher einschränkender Verordnung sich blaugedruckte Stoffe nicht nur in den bürgerliche sondern auch in ärmeren bäuerlichen Schichten allgemein verbreiteten. Auch führte der Blaudruck zu Streitigkeiten mit den bestehenden Zünften, da anfangs nicht klar war, zu welcher Zunft die Blaudrucker zählten. Vor allem deshalb entstand ein Chaos in den Zünften, weil das Blaudrucken – eigentlich zur Blaufärberei gehörend – durch einen Zeugdrucker, der zur Tuchscherer-Zunft zählte, nach Deutschland kam.

Mit dem Beginn der Industrialisierung übernahmen dann die Zeugdruckfabriken einen großen Teil der Produktion. Bis zum Ende des 19. Jahrhunderts gab es jedoch noch eine größere Zahl an klassischen handwerklichen Blaudrucker-Betrieben, wo häufig *Trachten* hergestellt wurden.

Brigitte Urbitsch führt in ihrem Blaudruckbuch (Leipzig 2006) zur Mode weitere Details an – so zu den Mustern, die „so genannten ‚Porzellanmuster' – angelehnt an das begehrte und beliebte blauweiße Porzellan aus China", dass diese in allen Ländern geschätzt worden seien. Und Ende des 17. Jahrhunderts sei „leuchtend blau gefärbtes Baumwollgewebe mit weißen Mustern zum letzten Schrei in der Mode der feinen Welt avanciert. Und wer sich die die kostbaren importierten Bauwollstoffe aus Indien nicht leisten konnte, wollten wenigstens eine Imitation davon besitzen und tragen können." Im 18. Jahrhndert hätten sich die blau-weiß gedruckten Stoffe dann nicht nur in bürgerlichen, sondern auch in den ärmeren bäuerlichen Schichten der Bevölkerung allgemein durchgesetzt – berichtet Brigitte Urbitsch.

Levi Strauss und die Blue Jeans

Hosen aus Baumwolle aus der Gegend von Genua, welche in die USA importiert wurden, sind der Ursprung der *Jeans* – denn aus aus der französischen Form von Genua, *Gênes*, entwickelte sich die Aussprache *Jeans*.

Der 1847 aus Franken in die USA nach San Francisco ausgewanderte *Levi Strauss* (eigentlich Löb Strauss aus Buttenheim, Landkreis Bamberg; 1829-1902) verkaufte Produkte des täglichen Bedarfs an Goldgräber. Um strapazierfähige Hosen zu schaffen, hatte der Schneider *Jacob Davis* (geb. als Jacob Youphes in Riga, 1834-1908) die Idee, Nähte von Hosen mit Nieten zu verstärken. Am 30. Mai 1873 wurde diese Hose von Strauss und Davis patentiert. Das bis dahin braune Segeltuch wurde erst später durch den mit Indigo gefärbten blauen Baumwollstoff ersetzt.

Der Begriff *Blue Jeans* kam um 1920 auf und nach dem Zweiten Weltkrieg kamen Blue Jeans durch amerikanische Soldaten auch nach Deutschland. 1948 wurden sie erstmals von der 1932 in Künzelsau gegründeten Firma L. Hermann Kleiderfabrik hergestellt (firmierte 1958 in *Mustang* um). 1953 wurde die ersten Blue Jeans für Frauen auf den Markt gebracht. Sie hießen *Girls-Camping Hose*. In dieser Zeit entwickelte sich für Jugendliche das Tragen einer Jeans zum Symbol des Protestes gegen Tradition und Autorität, seinerzeit auch als *Texashosen* bezeichnet. In der DDR waren Jeans Anlass für Schulverweise und Klubhausverbote. In den 1980er Jahren wurde die Hose jedoch durch die volkseigene Produktion zur Freizeithose umstilisiert.

Die ursprünglich dunkelblauen Jeans verändern ihre typische Farbe bereits nach mehrmaligem Waschen – sie werden heller. Durch langes Tragen bilden sich helle Falten am Unterkörper und an den Knien. In den 1980er Jahren wurde es zunehmend beliebt, Jeans chemisch oder mechanisch durch Waschen mit Steinen zu bleichen. Um Jeans bereits beim Kauf gebraucht aussehen zu lassen, kommen sogar Sandstrahler zum Einsatz. Für den Waschungsstil werden spezielle Begriffe verwendet – so *authentic* (sandgestrahlt und mit Bimsstein gewaschen), *acid-washed* (Waschung mit gechlortem Bimsstein), *bleached* (gebleicht).

Als Arbeitshose verbreitete sie sich ab 1872/73 von San Francisco aus sehr schnell bei Cowboys, Farmern, Eisenbahnarbeitern und Handwerkern. An der Ostküste der USA wurde sie ab 1920 zu einer beliebten Freizeithose, für reiche Leute, die sich Cowboyferien auf speziellen Ranches leisteten. Außer den Hosen wurden auch Jacken produziert. Im Zweiten Weltkrieg trugen Reparatursoldaten Jeanskleidung als Armeeuniform. Ab 1955 verbreiteten sich die überschüssigen Armeebestände auch in Westeuropa unter jungen Leuten. Ab den 1970er Jahren wurde Jeanskleidung zu einem Alltagsobjekt und verbreitete sich weltweit. Auch ältere Personen begannen zunehmend Jeanskleidung zu tragen, die Marken- und Stilvielfalt entwickelte sich explosionsartig.

Zu Besuch in der Einbecker Blaudruckerei

In der historischen Altstadt von Einbeck befinden sich am
Möncheplatz 4 Geschäft und Werkstatt der Färberei und Stoff-
druck *Einbecker Blaudruck*. Der Färber Hans Wittram gründete
die Werkstatt mitten im Dreißigjährigen Krieg im Jahre 1638.
Vom Möncheplatz führt der Weg direkt zum Marktplatz mit dem
Alten Rathaus (1549-1556), dem Wahrzeichen der Stadt, der
Ratswaage (1565), der Rats-Apotheke (1590) und dem Brodhaus
(1552).

Hans Wittram hatte seine Werkstatt zunächst in der
Wolperstraße. Sie wurde 1767 in die Tiedexer Straße und 1796 an
den heutigen Standort verlegt.

Zur Geschichte: Es wird angenommen, dass Hans Heinrich
Wittram, der Sohn des Firmengründers um 1700 als Erster mit
dem Blaudruck, der eng mit dem Kattundruck verbunden ist, begonnen hat. Infolge der Einfuhr von Stoffen mit buntem Kattun-
druck aus Übersee entstand eine harte Konkurrenz für die ein-
heimischen Färber. Und unter diesem Druck erprobte auch der
Färber Wittram das neue Verfahren des Reversvedrucks. Bis 2005
befand sich die Blaudruckerei in Familienbesitz und so sind heute
noch über 800 Models aus fast allen Stilepochen vorhanden. Sie
mussten zunächst in der Regel von den Blaudruckern selbst ent-
worfen und hergestellt werden. Später übernahmen dann Form-
stecher diese Arbeit.

Seit 2005 wird die Einbecker Blaudruckerei von Ursula Schwerin
und Ulf Ahrens, der den Autor auch durch seine Werkstatt führte,
fortgesetzt. Auf ihrer Webseite berichten sie u.a. auch darüber,
dass das Handwerk des Formstechers heute fast ausgestorben sei,
und es immer schwieriger würde, Reparaturen und Über-

arbeitungen alter Model durchführen zu lassen. Die ältesten erhaltenen Model zeigen biblische Motive – u.a. wie Josua und Kaleb mit einer riesigen Traube aus dem gelobten Land zu Moses und dem Volk Israel zurückkehren. Dieser Model stammt vermutlich aus der Zeit um 1720 bis 1730, als Hans Heinrich Wittram die Technik des Blaudrucks erprobte. Im späten 18. Jahrhundert waren vor allem Blumenmotive beliebt.

Model *Josua und Kaleb*

Mit Blaudruck-Motiven wird in Einbeck u.a. Meterware für Gardinen bedruckt und Tischdecken, -läufer, Sets, Servietten, Einkaufstaschen, Kissen, Schürzen, Kinderkleider und Röcke bedruckt. Es werden auch Aufträge zum Lohndruck übernommen. Neben dem klassischen Blaudruck mit Indigo wird zunehmend Indanthrenfarbstoffe eingesetzt, die beim Färben einer geringen Zeitaufwand und auch der Färben und Drucken mit anderen Farben ermöglichen. Außerdem sind sie waschechter als Indigo.

Text mit Hinweis auf Indanthrenfarben in einem Musterbuch von
W.A.Wittmann, Einbecker Blaudruck, o.J.

In einem Faltblatt *Der Einbecker Blaudruck* werden die Arbeitsschritte wie folgt (und bebildert) angegeben:

„Der Model wird gleichmäßig in den Druckpapp gedrückt. – Der Model wird millimetergenau aufgesetzt und rapportiert. – Nach dem Druck muss der Papp trocknen. – Anschließend kommt der Stpff ins Färbebad. Dazu werden die Stoffe zusammengenäht und auf den Sternreif gespannt. – Der Druckpapp wird im Laugenbad ausgewachen. Die weißen Druckmuster werden sichtbar. – Die fertigen Stoffe werden getrocknet, gesäumt und zu vielen Produkten verarbeitet.

Umschlagsseiten einer Broschüre – rechts Motive *Bauerntanz* für eine Tischdecke

Über die Tourist-Info Einbeck Marketing werden auch Gruppenführungen organisiert.

Die Blaudruckerei im Kattrepel von Jever

In einer kleinen Seitengasse zur Fußgängerzone in der Altstadt (in der Nähe der Straße Grüner Garten) von Jever, Kattrepel genannt, befindet sich die Blaudruckerei von Georg Stark, der mit dem Hintergrund eines Studiums der Geschichte eine historische Blaudruckerei betreibt.

Blaudruckerei Georg Stark, Jever, Kattreoel 3

Auf seiner Webseite (www.blaudruckerei.de) findet man Links u.a. zum Handwerk, zur Werkstatt, zur aktuellen Forschung und auch zum Presse-Echo.
Wir betreten das schmale, ehemalige Speichergebäude von 1822 und befinden uns nicht nur im Verkaufsraum. Denn hinter dem Verkaufstresen ist der Blaudrucker Georg Stark an der Arbeit – bei unserem Besuch beim Bedrucken eines Tuches mit dem weißen Papp.

Im Link „Presse-Echo" ist ein Beitrag über ihn und seine Werkstatt aus der Zeitschrift „Niedersachsen" von 1995 von Beate Leufen einzusehen – mit den einführenden Sätzen:
„Das schmucke, kleine Haus in der kleinen Seitenstraße im ‚Kattrepel' ist leicht zu finden, es weht eine blaue Fahne am Giebel, und ein Messingschild verrät, was sich hinter den Steinmauern verbirgt: eine Blaudruckerei. Tritt man durch die große, alte Holztür ein, hat man das Gefühl, in eine Bauernwohnstube zu kommen."

Über seine Person erfahren wir, dass er sowohl studierter Historiker als auch gelernter Schlosser ist und sich das Blaudruck-Handwerk selbst beigebracht hat. Er selbst wird mit folgenden Sätzen zitiert: *„Als Mitglied des Heimatvereins habe ich mich für die Wiederbelebung des alten Handwerkes interessiert und auch bemüht. Und das Handwerk des Blaufärbers hat mich nicht zuletzt wegen der vielen geheimen Rezepturen, die es galt herauszufinden, einfach fasziniert. Auch in Jever hat es im 18. und 19. Jahrhundert Färber gegeben. Ich wollte, daß dieses Handwerk in unserer Stadt erhalten bleibt."*

1989 war das Haus, in dem er schon vier Jahre jedoch nur in den
Sommermonaten gearbeitet hatte, mit Mitteln der Stadt als Eigen-
tümerin, des Landes Niedersachsen, des Bundes, der Oldenburgi-
schen und Ostfriesischen Landschaft sowie des jeverländischen
Altertums und Heimatvereins restauriert worden.
Seit dieser Zeit arbeitet der Blaudrucker hinter der langen hölzernen Theke mit *Papp* und *Indigo*.

Im seinem Faltblatt „Blaudruck im Kattrepel" gibt er an, dass er
mit ca. 600 Modeln arbeitet, „die aus den vergangenen vier Jahr-
hunderten stammen. Etwa 20 Dekore für Schattendrucke und
den'illuminierten Blaudruck' werden mit mehreren ‚Passer-
Modeln' gedruckt, die gemeinsam das Muster bilden."

Auf der Webseite wird das Drucken mit *Passer-Modeln* beschrieben. Der Stoff wird zunächst bedruckt und hellblau gefärbt und
anschließend mit einem zweiten Model, welches genau in den
ersten Druck passt nochmals mit *Papp* bedruckt. Schließlich wird
der Stoff zu einem dunklen Blau gefärbt und nach dem Auswa-
schen der Reserven erscheint das Muster in weiß und hellblau auf
dunklem Grund.

Stark nennt auch die von ihm verwendet Rezeptur für den Druck-
papp, die Reserve: Gummiarabicum, weiße Tabakspfeifen-erde,
Kupfervitriol (Kupfersulfat-Pentahydrat, blau), Galitzenstein
(Kupfersulfat, wasserfrei, weiß), Saccharum Saturni (Bleizucker,
Bleiacetat), Alaun (Kalium-Aluminium-Sulfat) und als „alchemisti-
sches" Ingredienz *Bufones Sanguinem* („Krötenblut").

Blick über den Ladentisch
in die Werkstatt mit dem *Papp* im *Chassis* (Drucktisch) links und den
zum Trocknen aufgehängten, bedruckten Stoffbahnen im Hintergrund

Blaudruck in Museen

Hoyerswerda

Der Verein zur Pflege der Regionalkultur der Mittleren Lausitz e.V. im Trachtenhaus Jatzwauk, Senftenberger Straße 19 hat 1994 die Einrichtung der Blaudruckwerkstatt Nötzold (s. Kap. Die Arbeitsschritte des Blaudrucks) übernommen. Auf der Internetseite www.regionalkultur-lausitz.de/blaudruckkabinett wird berichtet, dass u.a. „die wertvollen Modeln (Druckstöcke) inventarisiert und sofern nötig durch den Formenstecher Ewald Drescher aus Pulsnitz restauriert" und so „vor derm Ausverkauf sicher gestellt" worden seien. 2006 sei als Zwischenlösung im Erdgeschoss des Trachtenhauses Jatzwauk das *Blaudruckkabinett* entstanden: „Hier kann man sich über die Herstellung von Blaudruck: vom Flachs zum Leinen, den Druck, das Färben und die traditionelle Weiterverarbeitung der Stoffe in den sorbischen Trachten informieren." Die ständige Ausstellung im Erdgeschoss des Trachtenhauses Jatzwauk trägt den Titel „Model, Papp und Glättstein" – mit mehr als 200 Modeln.

Einbeck

Im *StadtMuseum Einbeck*, Am Steinwege 11/13 wird in einem Raum in einer ständigen Ausstellung unter der Überschrift „Von blauen Wundern: Blaudruck aus Einbeck" die Geschichte und Technik des Blaudrucks anhand von Exponaten und Informationstafeln dargestellt – mit Bezug auf den bereits besuchten Betrieb *Einbecker Blaudruck* (www.einbecker-blaudruck.de). Zu der ältesten Einbecker Model, die im Kap. „Zu Besuch in der Einbecker

Blaudruckerei" abgebildet ist, liest man auf der Internetseite des Museums: „Einer der ältesten Model zeigt Josua und Kaleb (...), die beiden biblischen Kundschafter des Moses, mit einer riesigen Weintraube als Zeugnis für den Reichtum des ‚gelobten Landes'."

Heimatmuseum Scheeßel – Heimatverein „Niedersachsen" e.V.
Am Meyerhof 1, 27383 Scheeßel

Das Museum besitzt durch Ankauf durch den Heimatverein eine Sammlung von Modeln, Farben, Materialien, Archivalien und Teilen der Werkstatteinrichtung des letzten Scheeßeler Blaudruckers Heinrich Müller 1973.
1913 wurde das sogenannte *Heimathaus* am ursprünglichen Standort abgetragen und am jetzigen Standort wieder aufgebaut. Heute besteht das Museum Scheeßel aus zwei in sich geschlossenen Hofanlagen mit insgesamt 13 historischen Gebäuden.

Färbermuseum Gutau im Mühlviertel/Österreich
Gutau ist eine Marktgemeinde im Mühlviertel in der Nähe von Linz. Bis 1968 arbeitete im „Färberhaus" noch die Färbermeisterin Margarethe Krennbauer. In ihren Räumlichkeiten wurde das heutige *Färbermuseum* eingerichtet. Der Blaudruck wird in dieser Region früher für Arbeitskleidung verwendet; heute ist er vor allem für Trachten, Tischwäsche und Heimtextilien begehrt. Von Künstlerinnen der Zeugwerkstatt werden Blaudruckexponate hergestellt, die in der eigenen Schneiderei der Zeugwerkstatt zu verschiedenen Textilien verarbeitet werden. Der Shop der Zeugwerkstatt befindet sich in der „Alten Schule". An jedem letz-

ten Sonntag eines Monats können Besucher des Museums das Färben mit Indigo und den Blaudruck selbst erproben. (www.gutau.at/tourismus-freizeit/faerbermuseum.html)

Kreismuseum Grimma

Das Museum mit einer Abteilung Handwerk besitzt ein Musterbuch der Grimmarer Blaudruckerei Leonhardt, ein barockes Auferstehungs-Model und eine Decke aus kleinen Stoffmustern zusammengenäht. Vor einigen Jahren fand im Museum ein Sonderausstellung mit Leihgaben zum Blaudruck statt, zu der im Internet ein Ausstellungsrückblick zu sehen ist. Die Familie Leonhardt war vom Ende des 17. bis zum Ende des 19 Jahrhunderts in Grimma ansässig.

Heimatmuseum Dahme/Mark

Das Museum (1905 gegründet) befindet sich seit 1978 in einem um 1730 errichteten repräsentativen Wohnhaus eines Dahmer Bürgermeisters. In der Ausstellung sind Exponate zum Blaudruck zu sehen und es wird auch an einen der Anilin-Entdecker (neben Runge in Oranienburg), des Chemiker Otto Unverdorben (1806-1873) erinnert.

ANHANG

Blaudruckereien in Deutschland

Auswahl von Blaudruckereien, die eine über eigene Webseite im Jan./Febr. 2019 verfügten:

Blaudruckerei Georg Stark, Kattrepel 3, 26441 Jever
(s. auch Kap. „Zu Besuch in Blaudruckereien"
und www.blaudruckerei.de)
Die Werkstatt des Blaudruckers Georg Stark befindet sich in einem alten Speicher aus dem Jahre 1822. Als Museumswerkstatt wird sie vom Land Niedersachsen gefördert und ist auch dem niedersächsisches Museumsverband angeschlossen.

**Blaudruckwerkstatt Cordula Reppe, Bachstr. 7,
01896 Pulsnitz** (im Landkreis Bautzen)
Der Blaudruck ist in Pulsnitz seit 1739 beheimatet, was aus Wanderbüchern von Blaudruckergesellen bzw. –färbern hervorgeht. Nach dem Zweiten Weltkrieg kam Gerhart Stein, dessen Familie als Schwarzfärber in Steinau an der Oder in Schlesien seit 1633 tätig war, als Flüchtling nach Pulsnitz und begann zusammen mit einem erfahrenen Blaudrucker sowie mit dem aus dem Sudetenland vertriebenen Formenstecher Ewald Drescher die längst nicht mehr bewirtschaftete Schwarzfärberei als Blaudruckwerkstatt neu zu betreiben. Durch eine umfang-reiche Schenkung an Druckmodeln konnte der Blaudruckerei wieder in Gang gebracht werden, in der noch heute der „original Pulsnitzer Blaudruck" praktiziert wird.
(www.blaudruckpulsnitz.de/index.html)

Blaudruckerei Folprecht (Inhaberin Heidi Folprecht-Pscheida), Hohensteinstr. 82, Coswig/Sachsen
(www.blaudruckerei-folprecht.de)
Text zur Blaudruckerei im Kap. „Die Arbeitsschritte des Blaudrucks".
Links auf der Webseite; Druckerei/Produkte/Unsere Model/ Handwerk & Geschichte/Pflegetipps.

Blaudruck Starcken – Atelier für Blaudruck- und Walklodengestaltungen, Hohenbinder Steg 21, 12589 Berlin-Köpenick (Rahnsdorf)
(www.blaudruckatelier-starcken.de)
Der Eigentümer Holger Starcken studierte nach dem Abitur (1973) zunächst Rechtswissenschaften, absolvierte ab 1975 eine Lehre als Textildrucker und machte sich 1982 als Blaudrucker selbständig. Als anerkannter Kunsthandwerker (1983) mit der Meisterprüfung als Blaudrucker (1984) eröffnete er 1991 seine Galerie KunstHANDwerk in Berlin-Rahnsdorf.
Seine Produktpalette aus dem Atelier gibt er wie folgt an:
Blaudruckunikate auf Leinen, Baumwolle und Batist; Besonderheiten: Baumgestaltungen und geometrisch bis verspielte Darstellungen auf Bekleidungsunikaten – z.B. Steppjacken, Westen, Kaftane und Kimonos, Kleider, Blusen, Hemden, Hosen und Röcke. Das Atelier fertigt auch Decken, Tücher, Bettwäsche und Stoffe in traditionellen und modernen Design.

J. H. Koch Werkstätten GmbH, Vor dem Kremper Tor 11, 23730 Neustadt in Holstein
(faerberhof-neustadt-in-holstein-blaudruckerei-jhkoch.de)
In der siebenten Generation wird in Neustadt der Blaudruck von der Familie Koch seit 1803 ausgeübt. Auf der Webseite heißt es u.a.: „Aus einem Bestand von rund 600 alten Druckstöcken, sogenannten Modeln, werden kreative sowie traditionelle Muster zusammengestellt. In Norddeutschlands einzig verbliebenen Färbermeisterbetrieb werden diese entwickelt und dann zu wunderschönen Tischecken, Stoffbahnen und Kleidungsstücken weiterverarbeitet.“

Blaudruckerei Kentrup, Kirchplatz 8, 48301 Nottuln
(www.kentrup.eu)
Das seit 1833 bestehende Familienunternehmer befindet sich im westfälischen, historischen Ortskern von Nottuln im Kreise Coesfeld (20 km westlich von Münster, in der Nähe von Dülmen). Als älteste Blaudruckerei in Nordrhein-Westfalen verfügt sie über fast 200 Jahre alte Model und „die geheimen Farbrezepturen, die ausschließlich von Generation zu Generation weitergegeben werden.“ (www.kentrup.eu/ueber-uns)
Neben dem Indigoblau werden auch viele weitere Farben verwendet. Neben der Manufaktur befindet sich ein kleiner Verkaufsladen und die Firma bietet auch Führungen und Workshops an.

Einbecker Blaudruck, Ursula Schwerin u. Ulf Ahrens, 37574 Einbeck
(https://einbecker-blaudruck.de)
Ausführlicher Bericht im Kap. „Zu Besuch in der Einbecker Blaudruckerei" – Shop – Produkte – Lohndruck

Blau & Zeugdruckerei Krüger, Von-Laue-Straße 7, 14195 Berlin
(www.blaudruck-berlin.de)
Bietet im Shop „nach alter Tradition hergestellte Handdruck- und Blaudruckartikel" an, „jedes Stück ein Unikat". (Kategorien mit Blaudruck: Tischdecken, Tischläufer, Kissenbezüge, Schals & Tücher)

Blaudruckwerkstatt Rostock
Christina & Reinhard Haase – Anerkannter Kunsthandwerker –
Bei der Petrikirche 7, 18055 Rostock
Blaudruck (traditionelle Muster) – Handdruck (eigene Entwürfe)

ÖSTERREICH
Original Indigo Blaudruck Koo, Neugasse 14, A-7453 Steinberg, Burgenland Österreich
(www.originalblaudruck.at)
Unter Historisches ist zu lesen:
„Mit zunehmender Industrialisierung und der Entdeckung der Indanthrenfarben ging der Blaudruck immer mehr zurück. Zu mühselig und aufwändig war die Herstellung und nur wenige Betriebe haben sich erhalten. Unserer ist einer von ihnen. (...) Das Handwerk und seine Individualität sind wieder gefragt, und darüber freuen wir uns."

LITERATUR

Webseite: www.berufe-dieser-welt.de/die-blaudrucker/
(weitere Webseiten im Text)

Bachmann, Manfred und Günter *Reitz*: Der Blaudruck, VEB Friedrich Hofmeister, Leipzig 1962.

Bezirksmuseum Cottbus (Hrsg.): Blaudruck Wolfgang Nötzold Hoyerswerda, Schloss Branitz (Sonderausstellung 1.10.-16.11.1983)

Clasen, Claus Peter: Textilherstellung in Augusburg in der frühen Neuzeit, Band 2: Textilveredelung, Wißner, Augsburg 1995.

Domonokos, Ottó: Blaudruckhandwerk in Ungarn, Budapest 1981.

Fegert, Friedemann: Oh wie schön ist Indigo. Färber- und Blaudruckerhandwerk im Wandel der Zeit, Edition Lichtland, Freyung 2016.

Forrer, Robert: Die Kunst des Zeugdrucks vom Mittelalter bis zur Empirezeit, Straßburg 1898.

Klatte. Elisabeth: Handblaudruck in Scheeßel, Heimatverein Niedersachsen e.V., Scheeßel 2007.

König, Lena: Textildruckverfahren Blaudruck, Grin Verlag, München 2005.

Müllers, Rose: Blau mit weißen Blumen. Geschichte und Technologie des Blaudrucks, Coppenrath Verlag, Münster 1977.

Neuheuser, Annette: Das Handwerk des Blaudruckers. Darstellung der Technologie, Landschaftsverband Westfalen-Lippe, Münster 1984.

Schmitz-Veltin, Wilhelm: Westfälischer Blaudruck in alter und neuer Zeit, 2. Aufl., Coppenrath, Münster 1942.

Überrück, Angelika: Die christlichen Motive des Blaudrucks. Spiegel der Volksfrömmigkeit in Deutschland vom Ende des 17. Jahrhunderts bis heute, Lit Verlag, Berlin 2008 (zugleich Dissertation Universität Bochum 2007).

Urbitsch, Brigitte: Das Blaudruckbuch, Buchverlag für die Frau, Leipzig 2006.

Vydra, Jozef: Der Blaudruck in der slowakischen Volkskunst, Artia, Prag 1954.

Walravens, Hartmut (Hrsg.): Ein blaues Wunder. Blaudruck in Europa und Japan. Ausstellungskatalog Japanisch-deutsches Zentrum Berlin, Akademie-Verlag, Berlin 1993.

Wilckens, Leonie von: Geschichte der Deutschen Textilkunst vom späten Mittelalter bis in die Gegenwart, Beck, München 1997.